Scheidewege und Hoffnung

Rüdiger Greiner

Impressum

Bibliografische Information der Deutschen Nationalbibliothek:
Die Deutsche Nationalbibliothek verzeichnet diese Publikation in der
Deutschen Nationalbibliografie; detaillierte bibliografische Daten sind im
Internet über http://dnb.dnb.de abrufbar.

Herstellung und Verlag: BoD – Books on Demand, Norderstedt

ISBN: 9783754334270

Kapitel 1: Prolog

In der Nacht meldete sich mein Körper mit ungewohnt heftigen kolikartigen Schmerzen linksseitig. Ich bekam Todesangst, war völlig durchgeschwitzt, mir war übel, ich bekam Krämpfe auf der linken Seite und am Rücken. Der Notarzt kam und vermutete einen blockierenden Nierenstein. Dann ging es schnell. Ich bin auf dem Weg zur OP, liege auf einem fahrbaren Bett nur leicht bekleidet mit einem weißen, hinten offenen Hemd. An der Decke sehe ich die Lampen vorüberziehen, dämmere vor mich hin. Ich höre nur noch undeutlich, ein Arzt sagt: „Er hat sehr schlechte Nierenwerte…" Wie soll ich das verstehen, geht es um Leben oder Tod? Habe ich mein Leben schon gelebt – meine Freuden, meine Leiden? Wenn das Alter seinen Tribut fordert, manche Körperteile nicht mehr so richtig funktionieren, kommt man auf dunkle Gedanken – ist es genug?

Und dann der Gedanke, kommt meine Familie zurecht? Habe ich alles dafür vorbereitet? Meine Frau und ich haben sich wechselseitig unterstützt. Meiner Tochter habe ich geholfen und stets an ihrem Leben Anteil genommen. Kann sie es alleine? Und die Zukunft, womöglich mit Enkelkindern? Wen lasse ich alleine, den ich unterstützt habe. Was wird mit meinen ehrenamtlichen Aufgaben? Ich habe auch vieles für mich behalten, ich könnte noch so vieles erzählen. Aber interessiert es auch jemanden, ich denke an meine Dias, die vor sich hinschlummern? Wen interessiert mein digitales Erbe?

Nun rekapituliere ich für mich, was war wesentlich, wie zwang das Leben mich zu Entscheidungen. Waren sie gut, überlegt, aus dem Bauch heraus, welche Pfade haben sich daraus ergeben, kann ich damit leben? Oder in Frieden sterben? Stets habe ich Entscheidungen am Scheideweg aus Hoffnung getroffen, mit Zuversicht. Welche Spuren werde ich hinterlassen, welchen Spuren bin ich gefolgt?

Im Aufwachraum später habe ich die Ärztin gefragt, ob meine Nieren geschädigt sind. Nein, die Niere war tatsächlich durch einen Stein blockiert, deshalb arbeitete sie nicht mehr richtig und die schlechten Werte waren zwangläufig. Das Leben geht weiter.

Der Gedanke, mein Leben in einem Buch zu rekapitulieren ist dann verlorengegangen, bis ein zweiter Notfall, ein Herzinfarkt mich in die gleiche Situation führte. Diesmal mache ich mich an die Arbeit, Kapitel für Kapitel. Was ist wichtig, was war schön, was habe ich bewirkt, welche Zufälle oder Entscheidungen führten zu ganz anderen Entwicklungen. Ist das Leben ein Würfelspiel oder gibt es eine Art Vorsehung oder Schicksal? Sind wir Menschen nur eine angestoßene Maschine, die bis zum Verlust der Lebensenergie abläuft? Gibt es eine Moral, die man im Leben einhält, nach dem Kant'schen Imperativ? Sind Gutmenschen naiv? Gibt es einen Lebenswillen, der eine Patientenverfügung in kritischem Licht erscheinen lässt? Wie verhält man sich? Was bleibt?

Was geht überhaupt zwischen zwei Buchdeckel, das ganze Leben ist ja so vielfältig und man kann vom Hundertsten ins Tausendste kommen. Auch viele Fakten sind auf Dauer nur für mich interessant, auch einige Peinlichkeiten und Erbärmliches kann man nur ins Unterbewusste verdrängen, wenn sie nicht als Fehler oder Erkenntnisse dienen sollen. Ich habe auch vieles weggelassen, keine Vollständigkeit angestrebt.

Ein weiterer Herzinfarkt mit schraubstockartigen Schmerzen erforderte eine Bypassoperation. Nach der Operation wachte ich auf, konnte meine Glieder noch nicht bewegen. Als erstes fiel mir dies auf, dachte nach, wo ich bin. Aber dann kam mir die Erleuchtung – ich denke, also bin ich. Das brachte mir eine ungeheure Zuversicht und Dankbarkeit. Hier wieder auf die Beine zu kommen war sehr viel mühseliger. Andererseits danke ich meinen Ärzten und Herzchirurgen für ihre Kunst – auch den Notarztdiensten- ohne die ich nicht mehr am Leben wäre. Bei hohem Fieber laufen lauter Filme im Kopf ab, die sich nicht bremsen lassen.

Der Inhalt lässt sich nicht steuern oder anhalten. Macht man die Augen zu, fährt das Bett Karrussel und wenn man sie öffnet, bleibt alles abrupt stehen. Bei der Reha half mir auch eine Psychologin nun die Welt anders anzugehen. Ich bin nicht der Einzige, bei dem das Alter Schwierigkeiten macht. Ich habe ja vieles erlebt, dieses kann man ja rekapitulieren und dann Neues genießen. Mich auf eine kontemplative Phase einlassen und vieles loslassen oder auf andere Schultern laden. Was man gerne tut und liebt, wird bleiben. Ich sollte mein Leben festhalten.

Eine weitere Lebenskrise, eine Sepsis mit Bauchspeicheldrüsenentzündung blieb mir nicht erspart. Diesmal ging es wieder um Leben oder Tod. Ich hatte hohes Fieber, das die Ärztin auf der Intensivstation nicht in den Griff bekam. Meiner Frau und meiner Tochter wurden es erlaubt, sich von mir auf der Intensivstation zu verabschieden. Ich erinnere mich an sie beide in schwarzen Umhängen, mit Kopfschutz und schwarzer Atemmaske und an ihre schönen Augen und den langen Wimpern, die ich so schön finde. Es war so bitter kaum reden zu können, mit einem Schlauch im Hals. Aber ich selbst war auch bereit loszulassen und betrachte meine erneute langsame Genesung als ein Geschenk.

Leider bin ich bis heute davon nicht vollständig genesen und eigentlich scheue ich mich oft noch, unter Leute zu gehen. Mein neuer Diabetes stellt mich vor Probleme und benötigt Zurückhaltung bei meinen liebsten Speisen. Ich kann nicht lange still stehen, habe deshalb Angst vor Museumsführungen. Deshalb rate ich zum bewussten Leben und zur Neugier, wenn man noch mobil ist.

Ich neige zum Stolpern und Stürzen, was blitzartig bei schnellen Drehungen geschehen kann. Beim Gleichgewicht verlasse ich mich auf die Augen als auf die Sensoren in den Füßen. Deshalb möchte ich meine Freunde nicht behindern oder ihnen lästig fallen, will mich aber auch nicht sozial zurückziehen. Allmählich gewinne ich mehr Kontrolle und Zutrauen und wäge aber meine Aktivitäten ab. Sonderbarerweise fällt mir Fahrradfahren leichter als Gehen. Bei Alkohol halte ich mich stets zurück, es gibt ja wohlschmeckende alkoholfreie Biere. Bei Wein oder Sekt ist dies nicht so gut gelungen, jedenfalls schmecken diese eher wie Fruchtsäfte. Vielleicht finde ich eine Marke die so gut schmeckt wie die Weine von Ohlig aus Östrich-Winkel, da erlaube ich mal ein kleines Glas guten Riesling zum Probieren. Damit ist nun genug gejammert, wir leben ja noch.

Eigentlich sind mir viele Privilegien zu Gute gekommen. Schönes als noch zu erlebendes Plus zu sehen, ohne Stress, aber doch mit Neugier und Interesse.

Kapitel 2: Jugend und Schule

Geboren bin ich in Lauscha, im Thüringer Wald. Dort gibt es mit Schiefer verkleidete Häuser, ein enges Tal, eine von der Glasindustrie und von den vielen kleinen Glasbläserfamilien bestimmte Ortschaft mit viel Schnee im Winter. Sie erinnert mich etwas an den Hintertaunus. An die ersten 3 Jahre habe ich kaum Erinnerungen.

Die Thüringer Warmblutpferde gelten als zuverlässig, außerordentlich lernfähig, fleißig und arbeitswillig. Schnelle Auffassungsgabe, aber nach längerer Standzeit übereifrig, temperamentvoll bis schreckhaft. Dies mag für die Menschen aus dem Thüringer Wald auch zutreffen, ein wenig auch für mich. Lernt man jemanden kennen, versucht man die Landsmannschaft zu hören, zu erkennen. Ich höre, ob man Oberschlesier, Bayer, Norddeutscher, Berliner, Salzburgerin oder Wienerin ist. Und wenn man jemanden aus dem gleichen Geburtsort trifft, fühlt man sich nahezu verwandt. Normalerweise bin ich als Thüringer sehr gutmütig, aber in Ausnahmefällen lässt ein Tropfen das Fass überlaufen und ich reagiere explosiv, wie es mir niemand zugetraut hat. Ein bisschen Sturheit kommt von meinen Großeltern mütterlicherseits hinzu, sie kamen von den masurischen Seen aus Ostpreußen.

Der Großvater seitens meiner Mutter war Fuhrmann und Bauer an einem kleinen See. Auch sie mussten während des zweiten Weltkriegs flüchten und verloren ihr Hab und Gut. Seinen ostpreußischen Dialekt habe ich noch im Ohr und seinen trockenen Humor. Er rauchte gern Pfeife oder Zigarre, er hatte einen grauen Bart, Stoppelhaare, hatte einen trockenen Humor und ich habe ihn gerngehabt, weil er als Rentner bei uns zu Hause wohnte. Zu meiner Überraschung habe ich gesehen, dass er bei einer Weihnachtsfeier im großen Saal des evangelischen Gemeindehauses am Rednerpult Geschichten und Scherze aus Ostpreußen erzählt hat, mit großem Anklang und ohne Scheu vor großem Publikum. Von einem verkauften Pferd, das vier Männer halten mussten. (Damit es nicht umfiel.)

Meine Eltern flüchteten als ich drei Jahre alt war aus Thüringen in den Westen, die genauen Gründe habe ich nie erfragt. Aber ich kann mir vorstellen, dass es Hunger und berufliche Sackgassen waren. Mein Vater war von Beruf Sattler, dafür gab es in diesem Ort keine Zukunft. Ein Onkel war schon im Westen, in Bayreuth und hatte dort eine kleine Fabrik für Glasradierer und Glaspinsel und beschäftigte eine Menge Heimarbeiterinnen. Er war Ehrenbürger und hätte mir Karten für die Richard-Wagner-Festspiele besorgen können, was ich damals nicht zu würdigen wusste. Von Bayreuth erinnere mich an die Eremitage, eine wunderschöne Gartenanlage. Von dort gab es Ausflüge in die fränkische Schweiz und ich erinnere mich an gebackenen Karpfen.

Mein Großvater väterlicherseits hatte in Lauscha Glas gesponnen in einer eigenen Werkstatt. Ich erinnere mich an ihn mit seinem pfiffigen Gesicht, er war leidenschaftlicher Tüftler und Sänger. Er hatte zwei Maschinen mit großen Spinnrädern, die mit einem Elektromotor angetrieben wurden. Davor waren Gasbrenner, und eine Schiebevorrichtung für Glasstangen, die aus der Glashütte in Lauscha bezogen wurden. Eine Glasstange wurde vorn solange erhitzt, bis das Glas flüssig war, dann wurde vorn ein Faden gezogen und auf das Spinnrad geworfen. Dieser Faden klebte am Spinnrad fest und es wurden weiße Fäden gewickelt. Die Kunst war es, die Geschwindigkeit des Rades mit dem Vorschub der vorne glühenden Glasstange so zu regeln, dass ein gleichmäßiger Faden entstand. Dann wurden die Wicklungen vom Rad genommen und in Teile geschnitten. Wie ein Wunder kräuselte sich das gesponnene Glas in Engelshaar, wohl abhängig von der Glasstange mit 2 Komponenten. Er lieferte das Engelshaar an Glasbläser, die Teepuppen daraus machten, nach dem damaligen Geschmack. Andere machten daraus Glasschmetterlinge, wobei die Flügel aus den Glasfasern bestanden und die dann bemalt wurden. Vermutlich sind im Heimatmuseum in Lauscha noch Exponate vorhanden. In Wertheim gibt es ein Glasmuseum, wo im oberen Stockwerk das Glasspinnen ausgestellt ist.

Glaspinsel wurden damals für Architekten und Bauzeichner gemacht, um Fehler auf den Tusche-Entwürfen auszuradieren und für neue Linien vorzubereiten. Auch Goldschmiede benutzten größere Glaspinsel oder Bürsten um Metalle zu polieren. Der Onkel stellte diese Glaspinsel her und bei Besuchen in den Ferien und probeweisem Arbeiten machten Glaspreißel meine Fingerspitzen taub. In Lauscha gab es viel Heimarbeit in der Glasindustrie, wo die ganze Familie mitgearbeitet hat. Aber es war Arbeit, bei der man nicht reich wurde – schon gar nicht im Sozialismus der DDR. Von der Erinnerung her rieche ich noch immer die Braunkohle zum Heizen, denke an Schnee im Überfluss, an die steilen Gassen, die Schieferhäuser, die Sprungschanzen und den Wald, die Blaubeerkuchen, die bei der Kerb Radgröße hatten und in der Mitte ein Geldstück. Man biss sich auf jeder Seite durch bis der Sieger das Geldstück erreicht hatte. Die Rostbrätla auf Holzkohlengrill bei der Kerb auf dem Köpplein mit Bier abgelöscht, die Thüringer Klöße, den knödelnden Dialekt.

Meine Eltern fanden nach der Flucht ihre erste Wohngelegenheit in Baden-Württemberg. Ich denke oft an die ehemalige Heubergbahn, den Dreifaltigkeitsberg, den Hohenkarpfen als Vulkankegel.

Mein Vater war die erste treibende Kraft bei meiner Schulausbildung. An die Grundschule habe ich noch Erinnerungen, dass es damals möglich war auf der Straße Fußball zu spielen. Viele Schulkameraden haben mich noch bis zur Konfirmation begleitet.

Mein Vater hat dann die Entscheidung getroffen, dass ich das Progymnasium besuche, das war ein Gymnasium bis zur Mittelstufe, er hat den Wechsel auf das Gymnasium in der Kreisstadt Tuttlingen in die Wege geleitet, obwohl ich schon einen Posten bei der Post im Auge hatte. Der Schulweg wurde damals noch mit der Dampfeisenbahn zurückgelegt. Den Dampf und typischen Geruch habe ich noch immer in der Nase.

Meine beiden Schwestern wurden nicht so gedrängt und hatten eine gute Berufsausbildung. Auch nach dem Abitur hatte ich das Bestreben, in den gehobenen Dienst der Bundespost einzusteigen, aber mein Vater hatte den Traum und den Willen, dass ich studiere.

Während meiner Schulzeit musste ich in den Ferien arbeiten. Ich war Aushilfsbriefträger bei der Post. Man musste schon früh aufstehen und damals noch bei der Bahnpost die Pakete und Postsäcke aus dem Bahnpostwaggon ausladen. Man musste noch schnell bevor die riesige Dampflokomotive sich näherte, den Übergang über die Gleise mit den Transportwagen mit der abgehenden Post überqueren. Einer zog vorne, einer schob hinten. Es gab da auch gefährliche Situationen, wenn die riesige Dampflokomotive kurz vor uns anhielt und wir mussten darauf vertrauen. Dann schnell die Pakete in den Postwaggon, die ankommenden Pakete heraus in den Wagen. Bis zur Abfahrt war wenig Zeit. Die Briefe wurden dann in der Poststelle aus den Säcken entleert und dann in Sortierfächern sortiert, die nach Straßen geordnet waren. Mir als Neuling fiel das Sortieren schwer, denn ich hatte im Kopf noch kein Bild der Straßen und Namen der Empfänger. Während ein normaler Zusteller vielleicht 6 Stunden benötigte, kam ich auf mehr Stunden. Insbesondere wenn damals noch die Rente bar ausgezahlt wurde, oder die Rundfunkgebühren gezahlt wurden, wurde es spät. Mein Zusteller kannte natürlich die Lebensgewohnheiten und Anwesenheitszeiten der Empfänger, während ich oftmals vergebens klingelte und wartete. Auch ansonsten ist es eine sportliche Aufgabe, gut zu Fuß musste man schon sein. Gerichtliche Urkunden mussten auch zugestellt werden, und ich erinnere mich wie in einer Firma die Führungskräfte zum Hinterausgang verschwanden, als ich mit dem Dokument, das persönlich zugestellt werden sollte zur vorderen Tür hereinkam. Aber als Schüler und Student wurde man ordentlich bezahlt und ich schaffte mir mein erstes schönes Fahrrad an. Man lernte viele Leute kennen, wurde meist freundlich begrüßt, und an einer Relaisstation Brauerei Waldhorn fand sich immer eine Flasche Bier neben den Postsäcken.

Zu meinem Vater hatte ich allmählich immer mehr ein schwieriges Verhältnis. Er war von einem Kriegstrauma geprägt. Im zweiten Weltkrieg war er bei den Fernmeldern, das heißt immer vorne an der Front. Sein großes Glück war, dass er bei Stalingrad von einem Granatsplitter im Bein verwundet wurde, so dass er zeitlebens hinkte und diesen Fuß nicht richtig aufsetzen konnte. Auch am Rücken wurde er getroffen und bekam einen Buckel, wofür er sich geschämt hat. Alle Klassenkameraden von ihm haben dort ihr Leben gelassen, er ist nach dem Rücktransport als einziger übriggeblieben. Er muss dort ziemlich Hunger gelitten haben, denn das ganze Leben lang wollte er mittags möglichst Punkt 12 Uhr essen und konnte sonst ziemlich unleidlich werden. Auch bekam ich niemals Kriegsspielzeug. Ich erinnere mich an einen schönen Panzer im Spielwarengeschäft, den ich gerne haben wollte, der mir aber rigoros verwehrt wurde. Auch Knallpistolen gab es nie. Über den Krieg hat er nie gesprochen, aber nach einem Kriegsfilm kam er sehr bestürzt nach Hause. Nachdem meine Mutter früh gestorben war, störten mich seine Eigenheiten, sein undiplomatisches Wesen das auch stadtbekannt war und manche Konfrontationen. Ein schwieriges Verhältnis zum Vater verstört einen sehr und verursacht schlaflose Nächte.

Mein Vater hat Schach gespielt mit einem Partner, einen Filmvorführer im örtlichen Kino. Ich erinnere mich an den speziellen Kinogeruch nach Kaugummi, die großen Lichtbogen-Projektoren, das Umspulen der Filmrollen bei Rollenwechsel, das Warten auf das Signal im Bild, wenn die Klappen geöffnet werden sollten beim Wechsel der Projektoren. Ich erinnere mich an viele Heimatfilme, Western, Fuzzy, Filme ab 16, die ich doch durch die 3. Klappe sehen konnte, während mein Vater mit seinem Partner Schach spielte. Später habe ich selbst einen Filmvorführschein gemacht und Filme für Jugendliche vorgeführt, 16-mm Bell und Howell Projektoren. Film ist auch eine meiner Leidenschaften, nur mit den Augen des Regisseurs zu sehen, mit unvergesslicher Filmmusik und Ohrwürmern, mit Filmen zu Tränen gerührt zu werden oder unbeschreibliches Grauen bei Gruselfilmen. Western als die Oper des Kinos zu sehen, immer mit der

Filmmusik verknüpft und mit dem Abenteuer des wilden Westens und romantischer Liebe. Auch die USA war damals mein Traumland.

Ich erinnere mich an das Nordmende-Radio mit dem magischen Auge, mit der Skala von Radiosendern aus aller Welt, oben mit eingebautem Plattenspieler. Mein Vater hatte eine riesige Sammlung von Vinylplatten, einen Teil davon habe ich heute noch. Ich erinnere mich auch noch an zerbrechliche Schellack-Platten, mit Heinzelmännchens Wachparade, mit Marschmusik, und dem Soldaten vom Wolgastrand. Und natürlich Mozarts kleine Nachtmusik. Er sammelte viele Chöre und Opern und deutsche Kunstlieder.

Als Jugendlicher war ich bei der evangelischen Jungschar. Die Uniformen und der Ledergürtel mit Blechschnalle missfielen meinem Vater sehr und er wollte dies nicht sehen und zulassen. Aber da ich mich dafür entschieden hatte mit meinen Freunden mitzumachen, hat er nachgegeben. Mein Vater hat mich auch zum Flötenunterricht angemeldet. Da er selbst musikalisch war, wollte er mir diese bürgerliche Tugend auch ermöglichen. Einmal in der Woche war ich beim nachbarlichen Musiker zum Unterricht und wurde immer zum mehr Üben ermahnt. Aber ich war gern dabei und erinnere mich an das Ritual, das der Lehrer erst mit einem aromatischen Kaffee begann. Den Geruch habe ich immer mit Flötenspiel verbunden. Aber eine Blockflöte klingt nun mal nicht so toll, insbesondere wenn die Löcher nicht sauber von den Fingern abgedeckt werden. Deshalb freute es mich, beim evangelischen Posaunenchor mitmachen zu dürfen. Dies bedeutete mehr Üben, denn das saubere Intonieren spielt beim Flügelhorn eine große Rolle. Leider habe ich nur die zweite Stimme, die Begleitung, spielen dürfen, die Trompeten waren in guter und sicherer Hand. Der Dirigent war der Leiter der Raiffeisen-Niederlassung, war auch Organist und spielte in der Stadtkapelle. Er war eine große pädagogische Begabung und ein väterlicher Freund. Eine Baßtuba passte genau zwischen die Rücksitze seines Volkswagens. Das Üben und Intonieren war mühsam, ein Erfolgserlebnis waren die zahlreichen Gottesdienste mit Posaunenchor.

Nach dem einstündigen Intonieren wurden Choräle und Volkslieder geübt. Als reiner Männer- und Jungenverein haben wir etwas gestümpert, später nach meiner Zeit dort habe ich den Posaunenchor mit gemischter Besetzung gehört und sie waren um Klassen besser. Ich bewundere den Mut der Mädchen, Blasinstrumente spielen zu können, und zwar sehr gut.

Ich erinnere mich an das Turmblasen in der Kirche in Hausen ob Verena, wo es so kalt war, dass die Tasten beim Niederdrücken durch den innen kondensierenden Atem anfroren und kleben blieben. Auch eindrucksvoll der Landesposaunentag in Ulm, wo 2000 Bläser die Grundlage für meinen Tinnitus gelegt haben könnten. Aber es war unvergesslich, einen so gewaltigen Klangkörper im und vor dem Ulmer Münster so harmonisch zu erleben.

Ich erinnere mich auf den Nachhauseweg nach den Proben am Friedhof vorbei, der mich nachts ein wenig das Gruseln lehrte.

Zunächst besuchte ich das Progymnasium im Ort, dann das Gymnasium in der Kreisstadt. Ich erinnere mich an die Zugfahrten mit der Dampfeisenbahn jeden Tag hin und zurück, mit einigen Schulkollegen aus meinem Ort. Bei Abituriententreffen habe ich sie kaum wiedererkannt, am ehesten an der Stimme. Ich erinnere mich an die Lehrkräfte, an die erste Grundschullehrerin, die so gut vorlesen konnte, Bücher aus dem Thienemann-Verlag. Die kleine Hexe. Noch immer davon habe ich die besten Erinnerungen an die Vorlesestimme, wenn man mit dem Buch lebt und Bilder in der Vorstellung entstehen. Dann an den Deutschlehrer und Imker, der mit dem Holzbommel des Fensters auf den Rücken zuschlug, wenn man die Gedanken woanders hatte. Die eleganten Französisch- und Lateinlehrer mit dem Hauch der weiten Welt. An den Direktor, der mit uns Goethes Faust interpretierte und uns mit seinem Schwung mitnahm. An Nuspel, den Physikprofessor aus Nusplingen, der wunderbar Physikexperimente aufbaute und vor dem ich einen Riesenrespekt hatte. Er hat mir die Liebe zur Technik eingepflanzt. Und ich erinnere mich ungern an den Lateinunterricht, der mir anfangs so viel Spaß gemacht hatte mit der kompakten Sprache und der dann immer schwieriger wurde.

In meiner Freizeit habe ich chemische Experimente nach Kosmos-Rezepten durchgeführt, Kristalle in Wasserglas aus der Apotheke gezüchtet, erste Fotos gemacht und eine kleine Dunkelkammer eingerichtet und die Schwarzweiß-Fotos selbst entwickelt. Fotografiert habe ich mit einer Zeiss-Ikon-Contaflex-Kamera mit Zeiss Objektiv. Erstaunlicherweise haben die Fotos sich bis heute gut gehalten. Immer faszinierend ist es zu sehen, wie sich aus einem weißen Blatt im Entwicklerbad das Bild allmählich hervorhebt. Dann durfte ich an einen Fernkurs zum Radio- und Fernsehtechniker teilnehmen. Ich lötete einen UKW-Empfänger zusammen, baute Prüfgeräte, einen Mittelwellensender mit Triodenröhren, eine Funkantenne für Kurzwellenfunk als Drahtantenne zwischen am Haus befestigten Porzellanisolator und der Wäschestange mit Isolator und dem auf der Viertel-Wellenlänge angeschlossenen Antennenkabel und der Erdung; und reparierte Radiogeräte und einen Fernseher. Die damalige Röhrentechnik war sehr einfach und verständlich, ich habe auch Transformatoren gewickelt und einen Sinusgenerator zum Prüfen gebaut. Erste Schaltungen mit Transistoren habe ich auf Platinen nachgebaut und gelötet. Im Nachhinein bin ich meinem Vater sehr dankbar, dass er dies alles ermöglicht hat, obwohl wir finanziell durch den Hausbau sehr beschränkt waren. Durch diese Hobbies kam die Entscheidung heran, was und wo ich studieren sollte.

Kapitel 3: Das erste Studentenjahr

Ich sollte studieren, das war die erste Entscheidung, die aufgrund der Abschlussnoten des Abiturzeugnisses, dem Drängen meines Vaters, meinen Hobby-Vorlieben und der Ermöglichung eines Stipendiums durch die Kriegsbeschädigung meines Vaters zustande kam. Der Studienort war Stuttgart, dort die TU, und der Studienzweig war Nachrichtentechnik.

Im Vorab musste ich erst ein Vorpraktikum bei einer Gießerei in Tuttlingen ableisten. Dort durfte ich viel Sand schaufeln, Formen mit Sand füllen, dann in die in 2 Hälften geteilte Form das Modell einlegen, das untere Formteil mit Sand per Presslufthammer verfestigen. Dann wurde das obere Formteil abgehoben, das Modell mit dem Gießstutzen herausgenommen und dann die Form zum Guss bereitgestellt. Es entstand damit ein Klavierrahmen. Ich erinnere mich an die Hitze des Schmelzofens, die Arbeit mit viel Sand schaufeln, das Arbeiten an den zwei Formhälften einer Klavierrahmenform, das Verdichten mit dem Presslufthammer, und den ersten geglückten Guss. Bei Siemens in Rottweil habe ich Telefone angeschlossen als Aushilfsmonteur und Praktikant. Ferner eine Metall-Grundausbildung bei einer Zählerfabrik in Aldingen erlernt. Ein Berichtsheft wurde geführt und ich lernte die handwerklichen Grundfähigkeiten. Es wurde an einem Stielfeilkloben gefeilt bis er perfekt gerade war und fertiggestellt, Metall an einer Drehbank gedreht, gebohrt und geschliffen.

Andere Möglichkeiten wären Pädagogik und sogar Theologie gewesen, denn ich hatte ja auch Latein gelernt. Latein hatte mich fasziniert durch die lakonische Sprache mit kompaktem Stil. Und es gab auch Mitschülerinnen und Mitschüler, die ich sympathisch fand und mich mitzogen. Latein gab mir die Möglichkeit Fremdwörter als gar nicht fremd zu sehen und ich kann noch einige lateinische Beschriftungen entziffern und Pflanzennamen aufzuschlüsseln.

Aber auch Französisch liebte ich, war aber dafür nicht so begabt. Ich sammelte französische Briefmarken, weil sie billig waren in hohen Auflagen und schön mit Gemäldemotiven und Kirchenfenster und bedeutenden Gebäuden und Personen. Ich erinnere mich an einen Ferienaufenthalt in Lunéville, mit dem Militärmuseum, der Lichterschau am Schloss (Son et Lumiére), der Madame im Hotel mit kleinen Geschenken als Gastgeberin, die Sprechversuche in Französisch, die Einkäufe und später der Bericht vom Urlaub in Französisch im Unterricht.

Aber nun Stuttgart. Zunächst ein Zimmer finden. Man bekam vom Asta eine Liste der ausgeschriebenen Zimmer-Adressen und musste sie nacheinander aufsuchen. Vieles war schon vergeben, meine erste Chance war in Stuttgart Nähe Bubenbad. Eine Witwe mit weissem Pudel vermietete ein Dachzimmer. Ich hatte immer nette Vermieter und quasi Familienanschluss. Mit der Straßenbahn fuhr man zur Uni, konnte aber auch zu Fuß die Staffeln herabsteigen und durch die Stadt laufen.

Ich erinnere mich an die Staffeln, lange Steintreppen den Berg hoch mit Zwischenpodesten, die hinauf zur Wohnung führten, an die Straßenbahnhaltestelle Bubenbad, die Fahrt vorbei an einer Waldorfschule im Wald, die Lehrsäle an der Uni, das Hydraulikpraktikum mit Pressluftzylindern die automatisiert wurden, die Vorlesungen von Professor Eppler mit gebastelten Flugmodellen, einige wenige Freunde und das Andechser Dunkelbier in der Stadtmitte. Das hat für mich ein Mathe-Referat verhindert, weil mir nach dem Bier die Logik etwas abhandenkam. Ein eitler Professor, der einen vermeintliche Störer ermahnte nicht so schlecht zu pfeifen, was sich aber als verirrter Singvogel im Lehrsaal erwiesen hatte, und damit einen unfreiwilligen Lacherfolg des Auditoriums erzielt hat. Es gab einen Professor, der rückwärts an einen Pfeiler stieß und sich bei ihm über die Schulter entschuldigte. Ich erinnere mich an den ersten Studentenausweis aus Plexiglas mit vielen Löchern darin. Computerlesbar.

Der Einstieg ins Studium war schwer, insbesondere Technische Mechanik war so schwer, dass ich die erste Prüfung verhauen habe. Ich kann mich noch an die Aufgabe erinnern: ein Kupferdraht war an einem herauskragenden Balken befestigt, der sich durchbog. An ihm wurde mit dem Draht von unten gezogen, bis er riss. Bei welcher Kraft riss er? Ich habe mich geschämt, meine misslungenen Berechnungen abzugeben. Was auch eine schlechte Entscheidung war.

Aber nun trat ein Schicksalsschlag auf: meine Einberufung zum Wehrdienst. Damals war es so, dass nicht alle einberufen wurden und man konnte ein Vabanque-Spiel betreiben, das ich verloren habe. Obwohl mein Vater Schwerkriegsbeschädigt war kam ich nie auf die Idee, dies als Hinderungsgrund anzuführen. Ich empfinde dies heute als eine Unverfrorenheit. Obwohl ich Bertha von Suttners Pazifismus kannte und bewunderte (Die Waffen nieder!) und ich auch niemals Menschen töten wollte, war ich zu ethischen Überlegungen zu jung und auch das Argument, die Familie im Zweifelsfall zu verteidigen zu wollen, hatte bei mir verfangen. Eine nie gehaltene Einspruchsrede an die Musterungskommission habe ich nachts in meinen Träumen immer wieder ausgearbeitet – aber alle Argumente kamen zu spät und haben nur einen inneren Groll erzeugt. Wie konnten sie nur jemandem, der in Stalingrad fast verendet wäre durch die Durchhalteparolen eines Diktators, den Sohn nehmen um ihn wieder zum Militär zu zwingen?

Auch hier sollte ich mich entscheiden zwischen Luftwaffe oder Nachrichtentruppe beim 2. Korps in Dillingen bei Ulm. Nachdem ich zögerte, hatte man mich dem Heer zugeschlagen. Wenn man sich nicht entscheidet, treffen andere die Entscheidung für Dich!

Kapitel 4: Wehrdienst

Den damals noch 18-monatigen Wehrdienst leistete ich in Bayern ab, Dillingen, an der Grenze zu Baden-Württemberg. Die Donauauen lernte ich von Grund auf kennen, als wir dort Schanzgräben ausgehoben haben und auch mit den Schnaken unfreiwillig in Kontakt kamen. Der Grundwehrdienst war für mich hart, denn ich war nicht besonders sportlich und ausdauernd. In der ehemaligen Reiterkaserne war die Stube mit 9 Rekruten belegt, in Mehrstockbetten. Damals rauchten einige Kameraden, einer so stark, dass wir ihn Marlboro nannten. Wir schleppten das Gewehr G3, waren bei Schießübungen dabei. Danach gab es das schikanöse Gewehrreinigen, bei dem die Unteroffiziere für mich unsichtbaren Schmutz im Rohr entdeckt hatten und ich dann Nachsitzen musste. Bei einem Alarmmanöver zog ich dann die Socken nicht richtig an und wir mussten einen schnellen Marsch durch den Ort und ins Gelände absolvieren. Später war der Schuh voller Blut und der Nagel des großen Zehs hatte sich abgelöst. Später ist dieser immer falsch eingewachsen, so dass als Student dann eine Nagelbettoperation nötig war. Einmal kontrollierte ein besonders scharfer Unteroffizier mit den Handschuhen auch die Außenseite der Fensterbrüstung. Dabei schnitt er sich an der scharfen Blechkante die Handschuhe durch und das Blut triefte auf den Boden. Wir lagen alle schon im Bett und mussten uns das Lachen verkneifen.

Der Holzfußboden wurde mit einer grünen Wachsholzwolle freitags gewienert und gebohnert. Ich rieche noch das Bohnerwachs. Bei der Kontrolle gab es dann öfters einen Nachappell und man konnte erst nach 22 Uhr ins Wochenende fahren, wenn überhaupt. Es gab auch Fahrkarten mit der Bahn, aber die Verbindungen waren auch damals schon so schlecht, dass damit die Freizeit vergeudet wurde. Deshalb bildeten sich Fahrgruppen. Durch diese späten Zeiten der Abfahrt waren viele Fahrer übermüdet und es gab Unfälle mit Toten. Auch unsere Gruppe war einmal bei Nebel und Glatteis durch Übermüdung im Straßengraben gelandet, ohne großen Schaden. Da werfe ich der Führung eine gewisse Verantwortungslosigkeit vor, auch wenn man selbst Mitschuld trägt.

Nach dem einleitenden Grundwehrdienst wurde ich als Fernmelder ausgebildet. Wir hatten einen Übertragungswagen als ausgebauten LKW. Dort liefen die Leitungen von den einzelnen Truppenteilen auf, die Sprachsignale wurden in Frequenzbereiche moduliert und in dicken Kabeln zu den Richtfunkwagen geführt. Nach der Funkstrecke wurden die Gespräche wieder demoduliert und den Empfängertelefonen zugeführt. Zum Teil wurden auch Telexe übertragen. Dazu gehörten die Geräte, bei denen die Texte auf Lochstreifen gestanzt wurden, die dann eingelegt wurden und dann auf der Gegenstelle ausgedruckt wurden. Die Arbeit wurde durch zentrale Dienstvorschriften geregelt, die aber bei Problemen niemals weiterhalfen. Meine technische Vorbildung hat mir sehr geholfen. Das heißt aber nur, dass ich alles hinbekommen habe, aber einen laufbahnmäßigen Aufstieg hat dies eher verhindert. Es gilt wie hier auch oft im Leben, dass das Funktionieren selbstverständlich ohne Belobigung erwartet wird und zum Führen muss man die Ellenbogen ausfahren können.

Einmal habe ich mich in die Geschichte und Technik des Maschinengewehrs hineingesteigert und einen beachtenswerten Vortrag darüber gehalten, was meine Vorgesetzten sehr verblüfft hatte. Ich kann mich erinnern, dass ich aus vielen Büchern und wehrtechnischen Zeitschriften ein bildreiches Referat erstellt hatte, was keinen Zuhörer gelangweilt hatte und sogar für meine Vorgesetzten viel Neues dabei war. Auch später habe ich die Erfahrung gemacht, wenn man ein Referat über das hält, was einen persönlich interessiert, dass sich dieses Interesse überträgt. Man hat dann auch wenig Lampenfieber, denn das Thema trägt sich nach wenigen Minuten.

Erfahrungen waren auch Manöver wie der „schwarze Löwe", bei denen wir mit einem Unimog einer Panzertruppe entgegenfuhren, mit unendlich viel Panzern. Die Straße war nicht breit genug für den Leopard-Panzer und den Unimog, so dass die Panzer ungebremst über den Straßengraben an uns vorbeirasselten. Dies in der Dämmerung, ich war Beifahrer und hatte wirklich Angst. Man glaubt nicht wie mächtig ein Panzer ist und welchen Lärm er bei voller Fahrt macht. Bei Manövern wurden die Übertragungsgeräte aus den MAN-Lastkraftwagen aus ihren Montagegestellen ausgebaut und in Nebenräumen von Gaststätten aufgebaut und eingerichtet, eingepegelt. Wenn uns die Verpflegung nicht erreicht hat, haben wir im Wirtshaus gegessen und getrunken. Später hatte man dann viele Verpflegungspakete nachgereicht bekommen. Man hatte diese EPA dann übrig und sie landeten dann in der Regel bei den Eltern. Darin waren Marmeladetuben, Wurstdosen, Pumpernickel als Brotkonserven. Für das Campen hatte jeder nur eine Zelthälfte. Jede Nacht im Biwak kostete mich gefühlte Jahre meines Lebens wegen Eisbeinen und Rückenschmerzen und Schlaflosigkeit. In den gummiartigen Schlafsäcken kondensierte das Wasser und ich fror erbärmlich.

Als ich für die Ausrüstung des Trupps zuständig war hatten wir nach den Übungen meist Überschuss an Material, denn im Zweifelsfall habe ich immer für meinen Trupp eingesammelt, wenn andere unsicher waren.

Die Kupferkabeltrommeln auf den Unimogs hatten ein schönes Gewicht. Einmal fuhren wir mit dem Unimog auf eine feuchte Wiese und die Spur wurde immer tiefer, bis wir über die Achsen feststeckten. Es gab nur den Rückwärtsweg, und wir haben Zweige unterfüttert und sind wie durch ein Wunder herausgekommen. Einmal fuhren wir die Autobahn beim Aichelberg hoch, der Unimog wurde immer langsamer, der Motor immer heißer. Wir zogen eine kilometerlange Schlange von Fahrzeugen hinter uns her. Wenn wir stehengeblieben wären, waren wir in Gefahr, beim Aussteigen über die Autobahnbrücke in die Tiefe zu stürzen.

Zum Abschluss haben wir auf dem Truppenübungsplatz Wildflecken Maschinengewehrschiessen und das Schießen mit Bazookas (panzerbrechenden Waffen) geübt und waren froh, dass der Militärdienst vorbei war.

Ich erinnere mich an ein schönes Café in Dillingen mit einer reizenden jungen Bedienung. Sie war der Schwarm von uns allen und verteilte ihren Charme gleichmäßig. Ohne sie wäre das Café uninteressant gewesen. Und bis heute habe ich noch Kontakt mit meinem Stubenkollegen Alfons, ein wirklich guter Kamerad und Familienvater mit vielen Töchtern. Sie waren bei uns zu Besuch und ich habe ihr Betragen sehr gelobt. Alfons sagte dann aber, zu Hause wäre es etwas anders. Eine Tochter hatte Schmied(in) gelernt, eine andere hatte ein Stipendium auf Salem am Bodensee, eine ging als Entwicklungshelferin nach Afrika. Das Selbstbewusstsein, den Mut und das Gottvertrauen dieser Familie hat mir sehr imponiert.

Ich erinnere mich an kalte Nächte in Zelten bei Manövern, an die Querstrebe, die sich nachts im LKW in meinen Rücken gebohrt hat, als ich einen warmen Schlafplatz suchte, an die Militärkaste im Offizierskasino, an die Befehlsunlogik, aber auch an die Kameradschaft meiner Stubenkollegen. Ich erinnere mich an das Zurückrennen aus dem Kino bei drohendem Zapfenstreich. Ich erinnere mich, dass ich beim Wehrdienst 10 kg zugenommen hatte. (Mehr gefahren als gelaufen.) Leider war ich nach der Dienstzeit kein Intellektueller mehr, bestimmt ist mein Intelligenzquotient durch Alkohol und Müßiggang gesunken. Auch habe ich gelernt zu schweigen, wenn Aufrichtigkeit und Mut nur Kämpfe, die man nur verlieren konnte, zur Folge hatte. Der Wehrdienst ist kein Dienst zur Entwicklung der Persönlichkeit, er ist eine volkswirtschaftliche und moralische Verschwendung, er erzieht zur Angleichung und Unterordnung. Ich bin nicht naiv, man darf sich wehren. Aber oft gibt es keine Unterscheidung zwischen Angriff und Verteidigung. Es ist wie der Schock, dass Tiere, eine Gans für die Mahlzeit getötet wurden und die natürliche Tötungshemmung unterdrückt wird. Es erinnert mich an die Neandertaler im Film Odyssee im Weltraum, die einen Knochen als Tötungswerkzeug entdeckt haben. Es müssen andere Mechanismen als Gewalt geben – deshalb sympathisiere ich mit der Friedensbewegung – Schwerter zu Pflugscharen.

Kapitel 5: Die schöne Müllerin

Meine erste Liebe endete tragisch wie bei der schönen Müllerin von Schubert.

Zunächst durch Zeitungsannonce und glücklichen Zufall getroffen, hatte mich schon das erste Treffen verzaubert. Mit einem schönen Pagenkopf als Frisur, braune Augen, war die hübsche Studentin sehr groß, langbeinig, apart, sehr klug und Lehramtsstudentin. Als ich zum ersten Mal bei ihr klingelte, und sie aus dem Fenster sah war ich von ihrer Schönheit überwältigt, über alle Erwartungen hinaus. Und mit Ihr konnte man über alles sprechen, Frankfurter Schule, Kunst, Musik, was schmeckt, was man gesehen hat. Die Bekanntschaft war ein wahres Gottesgeschenk, als wenn man die Sterne vom Himmel holen will.

„Und die Sonne, wie hell sie vom Himmel scheint" . „Was ich such, hab ich funden ...nun hab ich genug. Für die Hände, fürs Herze Vollauf genug". Wir verstanden uns gut, unternahmen viele kleine Ausflüge, aber es war eher eine Freundschaft und platonische Liebe. Gerne bin ich mit ihr in Kunstaustellungen gegangen, in Stuttgart und auch zu den Zeichnungen von Goya. Dankbar bin ich ihr, dass sie das Interesse und Verständnis von Kunst in mir geweckt hat, eine bleibende Freude. In vielen Großstädten habe ich Gelegenheit gehabt, Originalkunstwerke zu sehen und betrachte diese Werke auch als meine intimen Freunde, genauso wie die Freude an der Oper.

Auch meine engsten Freunde hatten Draht zu ihr, allerdings kommt manchmal Unglück und Pech zusammen. Zu einer Verabredung hatte ich eine Autopanne. Die Benzinleitung meines VW-Käfers war verstopft, weil damals ein Hebel für Benzinreserve umgelegt werden musste, weil es knapp zur Tankstelle zu ging. Darin war wohl der Rost von Jahren und der Motor stoppte ruckartig. Damals gab es keine Handys zur Benachrichtigung. Ich denke, dass war der erste Knick in unserer Beziehung, denn sie war sehr enttäuscht.

„Da gingen die Augen mir über, da ward es im Spiegel so kraus, Sie sprach: Es kommt ein Regen, Ade ich geh nach Haus."

Der zweite Knick war für mich bitter. Sie war in einer Gruppe von Kommilitonen in Esslingen unterwegs und wir sahen uns auf der anderen Straßenseite. Kurz und gut, sie hat mich ignoriert. Oder nicht gesehen? Es hat mich so gekränkt, ich habe mich niemals getraut, dies anzusprechen aber ich wappnete mich für eine getrübte Zukunft. Trotzdem ging es eigentlich fröhlich weiter, ich half ihr beim Autokauf, beim Aufbau nach ihrem Umzug zu ihrer ersten Lehrerstelle.

Gleichzeitig hatte ich mein Studium abgeschlossen und fand meine erste Stelle in 200 km Entfernung. Andere Städtchen- andere Mädchen, dies ist auch eine schleichende Entfremdung. Ich frage mich noch heute, hätte ich mich nicht mit höchstem Eifer um eine Stelle in ihrer Nähe bemühen müssen? Bei einem Treff gab es einen Besuch eines Bekannten. Da schwante mir Unheil. „Sahst du sie gestern Abend nicht am Tore stehn mit langem Hals nach der großen Straße sehn? Wenn vom Fang der Jäger lustig zieht nach Haus, da steckt kein sittsam Kind den Kopf zum Fenster ‚naus. Geh Bächlein hin und sag ihr das, doch sag ihr nicht, Hörst Du, kein Wort von meinem traurigen Gesicht."

„Oh binde von der Stirn dir ab, das grüne grüne Band. Ade, Ade! Und reiche mir Zum Abschied Deine Hand."

Von der Sozialisation waren wir verschiedene Klassen, ja es gab und gibt Klassenunterschiede. Vom Familienhintergrund gehörte ich zur Arbeiterklasse, und ihre Familie zum gehobenen Bürgertum. Man könnte dies überwinden. Ich musste einsehen, dass ich nach Sternen gegriffen habe. Die Zeit mit ihr werde ich nie vergessen.

„Gute Nacht, gut Nacht! Bis alles wacht, Schlaf aus meine Freude, schlaf aus dein Leid! Der Vollmond steigt, der Nebel weicht. Und der Himmel da oben, wie ist er so weit."

Kapitel 6: Fortsetzung des Studiums

Zur Fortsetzung des Studiums musste ich mich neu orientieren. Hätte ich in Stuttgart weiterstudiert, hätte ich aus Studienrhythmusgründen ein Semester verloren. Bei der Fachhochschule Esslingen gab es einen Hochschulzug, so dass ich glaubte, ohne Niveauverluste mein Studium unter Anrechnung meiner bestandenen Fächer fortsetzen zu können. Letztendlich gab es doch keine Hochschulanerkennung, nur Diplomingenieur (FH) mit Untertitel Hochschulzug. Diesen kannte man aber nur in der näheren Umgebung von Stuttgart und in Baden-Württemberg. Also nur ein halber Akademiker. Trotzdem war für mich dieser Studienort besser, denn allzu große Selbständigkeit war ich nicht gewohnt und ich tendierte zu Verschleppung. Das praxisbezogene Studium mit vielen Praktika und kleinen Studienarbeiten lag mir näher. Das war wieder ein Wendepunkt im Leben mit der Hoffnung auf ein praxisnahes Studium.

Meine Kommilitonen waren in Ordnung, allerdings habe ich nur mit einem Kommilitonen lange Kontakt gehalten, der aus der Nähe meines Heimatortes stammte und mit dem ich zusammen das Abitur ablegte.

Einige Dinge habe ich für das Leben gelernt. Ich bekam von einem Professor eine Übungsaufgabe für 4 Wochen, mit der Aufgabe ein Plotterprogramm zu schreiben. Die Aufgabe schien mir einfach zu sein und fragte ihn, ob das alles sei. Er lächelte. Dann begann die Arbeit. Ich bekam einen Schlüssel für das Rechenzentrum und Rechenzeiten von 22 Uhr bis 6 Uhr morgens. Manchmal musste man den IBM-Rechner selbst starten mit einem Flussdiagramm für den Startvorgang. Der erste Schritt war „Wasser für die Kühlung aufdrehen." Und dann startete er vor sich hin. Das Programm war geschrieben und lief aber nicht. An einem Tag gab es Stromausfall die ganze Nacht über und ich befand mich in einem dunklen Keller. Auch die Notbeleuchtung war aus, ich tastete mich den Wänden entlang bis ich ein Fenster mit etwas Licht fand. Dort stieg ich aus. In meinem Auto ruhte ich mich aus und versuchte mehrmals ob wieder Strom da war. Vergeblich. So verstrich Tag um Tag ohne Fortschritte, bis ich herausfand, dass ich die Plotterstifte nicht abgesenkt hatte. Deshalb war alles so etwas wie Luftgitarre, alles in die Luft geschrieben. Dann wurde die Zeit so knapp, dass ich die Lösung hingehudelt hatte. Auch an den letzten Nächten gab es noch technische Probleme. Mein Professor hat sich genau an meine kühnen Worte erinnert und fragte mich, ob ich was daraus gelernt habe. Seitdem vermeide ich Abschluss von Arbeiten am letzten Tag und in der letzten Minute und kühne Bemerkungen. Ich hasse die Panik, wenn einem die Zeit unter den Händen verrinnt.

Ein Zwischenpraktikum habe ich bei IBM in Böblingen gemacht, in der Prüfgerätekonstruktion. Bei der IBM war es üblich mit weißem Hemd und Krawatte zu arbeiten, ich hatte das Glück in einem prima Team zu arbeiten. Man kam nur mit Stechkarten-Ausweisen in das Gebäude und bestimmte Räume. Beeindruckt hat mich das Kasino, mit 4 Linien zur Speiseauswahl und die Wahl unter verschiedenen Komponenten. Ich bekam die Aufgabe, ein Gerät zur Festplattenprüfung zu bauen; parallel zu einem Team in den USA. Ein Tutor für die gesamte Gruppe, der nicht arbeitete sondern nur beriet, war für mich ein ganz neuer Arbeitsstil. Jedenfalls arbeitete das Gerät nach 4 Monaten einwandfrei und temperaturstabil. Ich habe niemals erfahren, ob mein Gerät oder das aus den USA zum Einsatz kam. Vertrauensvoll war auch die Überlassung eines Großrechners nur für mich, quasi in jeder Besenkammer stand einer. Die Bedienungsanleitungen waren alle in Englisch, was aber für mich kein Problem war. (Ich hatte eine Brieffreundschaft mit einem Inder aus Delhi, dessen Vater meinen Vater kannte.) Ich war auch Mitglied bei der National Geographic Society und las die englische Ausgabe.

Als ich das Studium abgeschlossen hatte, war es für mich etwas ernüchternd. Soviel Lebenszeit hatte ich hineingesteckt, Mühe und Sonderleistungen wie Zusatzfächer Nukleartechnik mit einem eigenen kleinen Nuklearstrahlen-Erzeuger im Hause und Zusatzfach Lasertechnik.

Es war die Zeit der Ablösung des Muffs unter den Talaren und die Verabschiedung fiel etwas unfeierlich aus.

Im Studium liebte ich mein Studentenzimmer in Stuttgart-Heumaden, mit quasi Familienanschluss mit sonntäglichen gemeinsamen Frühstück. Der Sohn der Familie war Preisträger von Jugend musiziert und übte täglich 2-3 Stunden Violine. Das motivierte mich auch zum fleißigen Arbeiten, strapazierte aber auch meine Nerven. Erst bei einem Konzert konnte ich das Ergebnis im Zusammenhang richtig würdigen. Ein richtiges Bad hatte ich auch nicht, ich musste in einem öffentlichen Bad einmal pro Woche baden. Vielleicht habe ich etwas gemuffelt, aber das ging dann allen Kommilitonen auch so und fiel niemanden auf. Stuttgart auf der einen Seite, Esslingen auf der anderen, und Stuttgart-Hohenheim nicht weit entfernt mit der evangelischen Studentengemeinde und den politischen Studentenorganisationen wie den Jusos. In Stuttgart dauert es 3 Jahre bis man mit den Menschen warm wird, und dann muss man schon bald wieder weg. Als Student kam man günstig mit Studentenkarten in die Stuttgarter Oper, - das Winter-Bayreuth -, aber nur wenn es noch Restplätze gab. Wir wollten einmal mit meiner Freundin in die Oper und landeten dann im Kino. Ich habe den ganzen Ring der Nibelungen von Wolfgang Windgassen durchgehalten, bis ausgerechnet auf den einen Abend im Kino. Die Stuttgarter Oper war für mich ein Erlebnis und emotional prägend. Auch war ich steter Kunde in der Staatsbibliothek und Stadtbibliothek, auch Bücher sind meine intimen Freunde. Bis heute habe ich über 4000 gelesen, ich weiß das, denn ich habe fast immer eine kurze Rezension verfasst. Ich habe noch die Papierordner und später die Datenbank. (Außer ich habe das Buch gekauft.)

An Esslingen liebte ich die Burg, die Altstadt, die Umgebung, die Weinberge und die Fachhochschule, genannt den „Stall". Und meine Freundin, solange sie dort lebte. Und meine Genossen aus der SPD und den Jusos. Ich habe auch in Stuttgart einem Pfarrerssohn Nachhilfeunterricht in Mathematik gegeben. Aber bei ihm war der Glaube stärker als das Finden von Lösungen. Deshalb trainierte ich mit ihm

Lösungsfälle zum Abruf bei ähnlichen Aufgaben, also Arbeit statt Genie. Das ging ganz gut aus.

Vom Studium erinnere ich mich an das Gebäude der Fachhochschule, die schöne Altstadt von Esslingen, die Burg mit dem Treppenaufstieg, die bergige Umgebung, das Gelände von Hohenheim mit dem botanischen Garten, Studentenfeste in den Weinbergen von Esslingen, meinen VW-Käfer mit Cabriodach. Zwar von einem Polizisten gekauft, aber doch mit verdecktem Achsschaden. Die Hinterachse fiel beim Aufbocken in der Werkstatt herunter. Die Heizung blockierte auch im Sommer, so dass das Cabrio seinen Sinn machte, denn so ging die Hitze nach außen. Ich erinnere mich an den Sauerkrautgeruch von den Fildern. Ich erinnere mich an die Sonntagsfrühstücke bei meinen Vermietern und die Pflanzenpflege bei deren Urlaub. Ich erinnere mich an typische Professoren, zum Teil in väterlichem Stil, einige hochfachlich, einige jung und doch hochstreng. „Sie lernen nicht für die Prüfung, sie lernen Nachrichtentechnik." Und man lernt, Aufgaben zu unterteilen und Stück für Stück zu bewältigen.

Das Geheimnis eines Ingenieurs ist das Zerteilen eines Problems in überschaubare und lösbare Stücke und das erfolgreiche Bemühen um eine fertige Lösung. Bei Studienabbrechern habe ich beobachtet, dass sie sich von Nebensachen ablenken ließen und nicht den Biss hatten, das Wesentliche zu erkennen und zu tun. Weiterhin ist es die immerwährende Neugier zu Fortschritten in der Technik und der Austausch mit Kollegen und denjenigen, die ähnliche Aufgaben in anderen Firmen hatten (Networking). Und auch die technische und analytische Sicht auf die Welt, was bei Juristen und Medizinern auch vorkommt.

Man darf aber auch die künstlerische Welt nicht ignorieren, denn sie macht auch einen Teil des Lebens aus, nämlich das Schöne und die Hoffnung.

Kapitel 7: Politik

Während des Studium besuchte ich einen Tag der offenen Tür im Stuttgarter Rathaus. Es gab eine Verlosung, und ich habe ein Buch über Stuttgart gewonnen, was mich außerordentlich gefreut hat. Dort im Zimmer der SPD-Fraktion wurde ich auch freundlich begrüßt und habe mich angeregt unterhalten. 1970, ein paar Tage danach habe ich die SPD-Geschäftsstelle aufgesucht und bin dort in die Partei eingetreten. So aufgeregt war ich, dass ich meinen Regenschirm vergessen habe und nochmals kommen musste. Ich bekam mein blaues Parteibuch unterschrieben von Ernst Haar. Er war der zuständige Bundestagsabgeordnete und Gewerkschaftler für den Wahlkreis. Ich wohnte als Student in Heumaden, dort war die Endhaltestelle der Straßenbahn von Stuttgart.

Man musste damals seine Beiträge persönlich beim Kassierer in bar vorbeibringen und bekam die Marken, die man ins Parteibuch klebte. Zum Kassierer gab es bald ein fast familiäres Verhältnis, denn man duzt sich als Genosse. Im Ortsverein wurde ich als Jungmitglied auch freudig begrüßt und machte die ersten Erfahrungen mit trockener Parteiarbeit. Gerade in den Anfängen war alles unübersichtlich. Herbert Wehner hat als begnadeter Rhetoriker eine Rede am Stuttgarter Rathaus gehalten, wobei er mich voll überzeugt hat. Bei den Sitzungen des Ortsvereins kam ich auch mit den Jusos in Kontakt, die meist von der Universität Hohenheim kamen.

Viele der Jusos studierten Biologie in Hohenheim, oder verwandte Fächer. Als Student, auch wenn es nicht an derselben Hochschule war, kommt man bald zu engen Freundschaften. Man lernt deren Freundinnen kennen, Konflikte und Aktivitäten. Um für unsere Abende einen Raum zu bekommen, leisteten wir Wochenenddienste im Clara-Zetkin-Heim der Naturfreunde in Sillenbuch. Dort war ich schichtweise Geschirrspüler und bekam Respekt von der handwerklichen Arbeit des Kochs. Samstag und sonntags gab es günstige Gerichte und das Haus war gefüllt. Niemals war ein Essen angebrannt oder misslungen. Ab zwei Uhr nachmittags ging die Welt unter voller Teller und Gläser, die in die Geschirrspülmaschine und nachher wieder herausmussten. Ich bekam schrumpelige Finger und ein kostenloses Abendessen. Wir bekamen dann Tage zugeteilt, in dem uns ein kleiner Saal zur Verfügung stand. Wir entwarfen und druckten Flugblätter, machten Aktionen und verbrachten auch die Freizeit miteinander.

Besonders schön war ein Aufenthalt in der Jugendherberge in Barr im Elsass. Einige Trips zu der Seenplatte in den Vogesen wurden durchgeführt. Dort versuchten wir mit improvisierten Angeln und Käsestückchen Fische zu fangen, und kamen zum Schluss, es gab dort keine. Am Abend in der Gaststätte haben wir Forelle mit Mandeln gegessen, die genau aus diesem See kamen. Der Wirt erzählte uns, dass die natürlich keinen Käse mögen. Viele kleine Erlebnisse: zerrissene Hosen am Stacheldrahtzaun, von jungen Franzosen in der Herberge uns gemopster Wein und Cognac, Wanderung im Tiefschnee bis über die Knie zu einer einsamen Hütte am Grand Ballon. Der Hund bellte in der Ferne und Einsamkeit so lange, bis er heiser war, was uns sehr wunderte. Aber auf der anderen Seite gab es eine Autostraße, wo man bequem zur Hütte kam, und die deshalb voll besetzt war. Kein Wunder, dass der Hund heiser war. Auf dem Rückweg stärkten wir uns mit Nusskuchen und Kirschwasser, wobei die Flasche rundum ging. Schön auch die kleinen Orte im Elsass. Dort habe ich zum ersten Mal Schnecken mit Knoblauch probiert, was für mich damals eine Kühnheit war.

Es gab auch eine Krise, in der ein Freund, der in einer dunklen Kellerwohnung lebte, einen Selbstmordversuch unternahm. Nachdem er bei einer Verabredung nicht auftauchte, suchten wir ihn in der Wohnung auf. Ein Genosse, der Medizin studierte, rettete ihm das Leben. Das geht an einem nicht spurlos vorbei, ich machte mir Vorwürfe wegen meiner Ahnungslosigkeit. Ich wusste, dass eine Prüfung schlecht ausgegangen war, dass es Konflikte mit seiner Freundin gab, aber er hat sich uns und auch mir nicht anvertraut. Existenzielle Ängste und Lebensüberdruss, das geht einem so nahe, weil man selbst auch diese Momente erleben kann. Das Leben ist nicht immer ein Zuckerschlecken. Gut, wenn man einen inneren und äußeren Halt hat. Und ich habe ihn von seinem Wesen so gern gehabt. Ich habe mich so gefreut, dass er wieder auf die Beine kam.

In Stuttgart lernte ich die junge Prominenz der Jusos und der SPD kennen. Wir diskutierten mit Horst Ehmke, den ich als hellen Kopf und als äußerst schlagfertig kennenlernte, mit Erhard Eppler. Ulrich Maurer lernte ich als faulen und unerzogenen Juso kennen. Er machte sich niemals seine Händchen mit Druckerschwärze schmutzig. Er bohrte aufreizend in der Nase, während er diskutierte. War dies provozierend oder ungezogen? Ein Lichtblick war für mich Hermann Scheer. Er war fleißig und weitsichtig. Später hat er mich von einem Saulus zum Paulus gemacht. Als Technikfreak hatte ich immer die Gefahren und Leistungsfähigkeit der Nukleartechnik und der fossilen Kraftwerke bewundert. Er bekehrte mich dazu, dass dies Irrwege waren. Früher wurden Flugblätter mit Schreibmaschine auf Matrize geschrieben und nichts ist so verbitternd, wenn man am Schluss Schreibfehler machte oder die Änderungswünsche von Uli kamen und man alles wieder von vorn tippen musste. Nun ist er bei der Linken. Der Sänger „Lerryn" (Dieter Dehm) war auch dabei und ich mochte seine Lieder sehr. Irritierend war, dass er sehr eitel war und bei Störungen sofort unterbrach und vernichtende Blicke um sich warf. Besonders die Lieder um Goya gingen mir zu Herzen. Bei einem Genossen war ich Babysitter, weil er vor lauter Politik keine Zeit mehr hatte für seine Familie und sein Baby. Seine nette junge Frau tat mir sehr leid. Ansonsten sind viele Jusos aus diesem Umfeld zur politischen Prominenz geworden oder haben verantwortungsvolle Stellen bei der Verbraucherberatung Baden-Württemberg, als Professoren bei Universitäten z.B. in Freiburg, in der Landesregierung in Hessen in Wiesbaden für den Umweltschutz oder bei der Flurbereinigung erreicht. Nur mit einem engen Freund und Genossen in Wiesbaden habe ich noch Kontakt. Dessen Eltern habe ich auch im Odenwald kennengelernt. Wir

Jusos haben anlässlich des Bergsträßer Weinfestes dort im Heuschober übernachtet, und damals hatte ich noch keinen Heuschnupfen.

Als Student war man auch bei Demos dabei, zum Teil hatte ich auch einen Handlautsprecher für eine kleine Rede oder Anfeuerungen. Erschreckend war für mich einmal die Konfrontation mit Polizeipferden, die uns abgedrängt haben. Die waren riesengroß, sehr nah und hatten sicherlich auch Angst. Für mich war stabilisierend, dass auch Politiker der SPD hinter uns waren; die SPD hatte die Mehrheit in Stuttgart und deshalb konnte uns auch wenig passieren. Als Träger von Transparenten war ich auch bei deren Herstellung beteiligt. Die Anlässe habe ich längst vergessen, aber es ging immer um Hochschulpolitik.

Weiterhin war die SPD und ihr Umfeld beim Wohnortwechsel stets ein stabilisierender Faktor. Man hatte nach kurzem Einleben wieder einen Freundeskreis an Genossen und war nicht ganz fremd. Ähnlich kann es wohl auch mit Sportvereinen oder bei Musik- oder Gesangsvereinen gehen. Im Umfeld der SPD gibt es auch die Naturfreunde. Im Gegensatz zu Wandergruppen bei Sportvereinen gibt es dort meist Familienbegleitung und deshalb ein angepasstes Wandertempo. Ich habe eine schöne Reise mit den Naturfreunden zu einem NF-Haus in Würzburg unternommen, dort um und nach Würzburg gewandert, guten Frankenwein getrunken.

Unter den Genossen gibt es viele Atheisten und Kirchenaustritte. Ich selbst hatte eine Glaubenskrise. Erstmal ist man als Naturwissenschaftler und Ingenieur sehr analytisch und technisch ausgebildet worden, und die Wissenschaft stellt ja alles in Frage. Deshalb kommt einem die ganze Schöpfungsgeschichte und viele Wunder und Dogmen sehr zweifelhaft vor. Auch das Verhalten des Klerus schien mir im Gegensatz zur Nächstenliebe zu sein. Der ganzen Sache die Krone aufgesetzt hatte es, als ich einmal in der Marburger Elisabethenkirche Pamphlete entdeckte, die die SPD zerrissen und stockkonservativ daherkamen. Und das mit meinem Kirchensteuergeld? Und dann gaben einige kirchliche Würdenträger ein sehr schlechtes Bild ab, mit Dienstverfehlungen und unnötigem Prunk.

Dabei gab es viele Arme und Bedürftige. Nicht Almosen, sondern Hilfe sollte die Kirche leisten. Ich trat aus der Kirche aus. Ein Jahr später trat ich wieder ein nach einem Saulus-zu-Paulus Erlebnis. Ich war damals Stadtverordneter und kam bei Abstimmungen in Gewissenskonflikte. Um die Quasi-Mehrheit von SPD, geduldet von Kommunisten zu stützen, habe ich mit der Mehrheit gestimmt oder bei einer Abstimmung, wo es um Mieterfragen ging, den Raum verlassen. Wegen meiner gegenteiligen Sicht und aus Solidarität zur Mieterinitiative. Dabei ging mir auf, dass auch ich menschliche Schwächen habe, dass ich auch nicht alles richtig mache, und dass man auch der Kirche verzeihen muss und lernen, dass man keine reinen Ideale leben kann. Wenn man auch den Sündenfall bereut, hat man ihn doch gemacht. Gnade, ich brauche einen gnädigen Gott!

Aber es gibt eine innere Richtspur, ein Gewissen, ein Gefühl was richtig wäre, eine Utopie für ein gutes gerechtes Leben. Der Kantsche Imperativ, fair zu sein, für das allgemeine Wohl zu dienen. Ein Streben nach dem Schönen, Guten, Wahren. Gibt es eine Seele, meine Seele?

Wenn ich Rechtsanwälte aus meinem eigenen Gehalt für die Mietervertretung bezahlen müsste, muss ich mich selbst vor einem Ruin schützen. Ich habe mit einer Pfarrerin darüber gesprochen, und sie hatte Verständnis für Zweifel und die Erkenntnis der menschlichen Schwäche. Ich trat also wieder in die Kirche ein, habe aber zeitlebens Konflikte mit meinem Glauben an einen idealen Gott und an einen Gott überhaupt.

Je nach Landesfürst wurde man einem Glauben zugeordnet. Ich in Thüringen den Protestanten, meine Frau in Oberschlesien den Katholiken in der strengsten Form. Das hinterlässt Spuren und bis heute sind Weihnachtslieder, Bach-Kantaten und Kirchenmusik in meinem Gehirn eingebrannt und verankert. Weihnachtslieder und Bach-Kantaten rühren mich auch heute noch. Es gibt die Ratlo und das Gefühl. Und die Verbindung von Seele und Gefühl. Aber es gibt auch immer wieder das Streben nach geistiger Freiheit und die Erkenntnis von Abhängigkeiten. Man steckt aber auch in seinem eigenen Körper und in dem bisher gelebten Bild von der Welt mit seiner ganzen Breite, dem Gedächtnis, den Vorlieben und den Freunden.

Eine Zeitlang leitete ich zusammen mit einem Genossen die Jugendgruppe die Falken. Er war mehr für sportliche, das Campen, einen Judo-Kurs, Nachtwanderungen, gemeinsames Kochen zuständig, ich mehr für das Programm der Abende, Theorie und Theaterspiel-Vorbereitungen im Rahmen von SPD-Veranstaltungen. Ein älterer Genosse, der von der Jugendfreunde-Bewegung in Österreich kam, schenkte uns eine komplette Zeltausrüstung. Ich versuchte ihn davon abzubringen, denn Zelte bekamen wir in der Regel bei den Veranstaltungen als Großzelte mit wassergeschütztem Unterbau gestellt. Stattdessen hätte ich lieber eine Filmkamera gehabt, mit der man gemeinsam etwas hätte anfangen können, z.B. Verfilmungen von Stücken des Rote-Grütze-Theaters. Aber es gab dann die Zelte, die im Jahr nur einmal benutzt wurden und sonst Platzprobleme schufen.

Als Vorsitzender der Falken vor Ort war ich dann etwas bekannt, so dass ich als Stadtverordneter gewählt wurde. Auf diese Zeit war ich stolz, denn wir haben eine Städtebauliches Entwicklungsgebiet durchgesetzt, auch für Leute, die weniger Geld haben. Sparen konnte man an billigen Grundstücken, mit Eigenarbeit, mit Verzicht auf Kellergeschossen, mit Bau von günstigen Bauträgern (Baufrösche). Mit dem Bürgermeister persönlich befreundet, mit den Stadtverordneten ein gutes Arbeitsklima, auch persönliche Freunde und auch Grilltreffen an einem privaten Angelteich war es eine schöne Zeit, bei der ich aber persönlich auch in Stress geriet. Man war auch beruflich eingespannt, bei einer Mieterinitiative eingebunden, war Lückenbüßer als Vertreter bei Ausschuss-Sitzungen im Ausschuss für Jugend-Kultur-Soziales. Den Vorsitz der Falken musste ich aus Terminnot abgeben und habe mit Entsetzen gesehen, dass bei den Falken langfristig ein Niedergang eintrat. Dann Fraktionssitzungen, Präsenz bei öffentlichen Veranstaltungen, Einbringen von eigenen Anträgen und Initiativen. Allmählich merkte ich, dass die Beziehung mit meiner Freundin in Gefahr geriet. Dann machte ich kurzen

Prozess: Private Verabredungen gingen terminlich vor, wurden zuerst fixiert. Alles andere musste dann seinen Platz finden oder ausfallen. Damit war das Privatleben einigermaßen gerettet.
Es war also die Erkenntnis, dass ich zwar ein homo politicus bin, aber kein Politiker werden würde.

Dies war wieder die Erkenntnis, dass ein Wendepunkt erreicht war; ebenso wie im Beruf musste ich in der Politik Räume für das Privatleben schützen und auch mein, unser persönliches Glück bewahren.

Bei den Jusos arbeitete ich auch mit, die in einem Antifaschistischem Arbeitskreis mitarbeiteten. Hierfür gab es jugendliches Interesse, bei den Jusos oft nur eine sporadische Mitarbeit der Neuzugänge. Einmal haben wir beim Aufbau eines Zeltes für ein Jugendkonzert mit renommierten Bands im Rahmen des Wahlkampfs im Stadtpark mitgeholfen und organisiert, was ein großer Erfolg war.

Bei einem Wohnortwechsel in den Taunus forderte meine Frau mich auf, erst kürzerzutreten. Ich hatte ja bei unserem Bauvorhaben genügend Arbeit und Probleme. Aber in der SPD ist dies unmöglich. Ich arbeitete im Ortsbezirk mit und wurde schon zum zweiten Abend gefragt, ob ich als Vorsitzender kandidiere. Diese Personalnot kam mir sehr suspekt vor, denn sie kannten mich ja gar nicht. Wohin bin ich denn da hin geraten? Ich habe mich dann für den Posten des Schriftführers breitschlagen lassen, den ich über 20 Jahre und noch weiterhin ausübe. Einmal bekam ich diesen Posten los, ein junger Genosse warf dann aber nach einigen Monaten das Handtuch. Ich kann mir vorstellen, wenn am Protokoll herumgekrittelt wird, man einige Sachen berichtigen muss, die man anders verstanden hatte, und dass man fast immer anwesend sein muss, das macht jungen Leuten keinen Spaß. Auch mir macht pedantische Arbeit keinen Spaß.

Als Ortsbeirat bin ich auch gewählt worden, fand die Arbeit dort aber sehr kleinbürgerlich. Als ich einmal bessere Öffnungszeiten des Kindergartens auch für Berufstätige forderte, argumentierte die Union mit einer dort durchgeführten Befragung der Kindergarteneltern. Ihnen ist nicht einmal aufgefallen, dass diese Umfrage vom Zielkreis her fragwürdig war. Einmal argumentierte ich über den Wandel weg von Reihengräbern auf unserem Friedhof zu einer mehr parkähnlichen Gestaltung, und mein Kontrahent würdigte das als „aberwitzig". Im nächsten Organ der überörtlichen Gemeindevertretungen kam dann eine Bewertung ganz genau in meinem Sinne und mit ähnlichen Argumenten. Ich hielt ihm das unter die Nase, er hat kurz geschluckt, blieb aber bei seiner Meinung. Ich war enttäuscht über die mangelnde Beteiligung der Öffentlichkeit und musste selbst so gut wie möglich kreativ sein. Ich führte eine Datenbank der Beschlüsse oder der Anfragen, was mir beim Nachbohren half.

Bei der SPD gibt es einen Arbeitskreis 60+, der einmal im Monat zu Veranstaltungen oder Reisen einlädt. Dort war ich auch gern dabei. Nachdem ich eingeladen wurde, Mitglied des Vorstandes zu werden habe ich auch nicht nein gesagt. Ein Argument war, dass der Aufwand nicht sehr groß ist. Dies hat sich natürlich nicht bewahrheitet. Ich freue mich, wenn ich Ideen einbringen kann. Aber wenn man es ernst nimmt, ist man doch fast immer dabei. Der Vorsitzende (er nennt sich immer bescheiden als Sprecher des Vorstands) ist als ehemaliger Gewerkschaftssekretär ein Unikum und Aktivposten, dem man auf Bitten nichts abschlagen kann. Er hat mich auch bei persönlichen Diskussionen oft zu einem Meinungsaustausch bewegt, denn dann hatte ich auch seine Sichtweise.

Nichts ist schwerer als die SPD zeitweise zu ertragen. Einst Schröder-Anhänger habe ich die Halbierung der Partei miterlebt. Immer wieder habe ich gesehen, wie die SPD vor den Wahlen alles ruinierte und sich nach der Wahl auf verhängnisvolle Koalitionen einließ. Erhöhung des Rentenalters, Minijobs, prekäre Arbeitsverhältnisse, Hartz IV, der Zwang zur Aufnahme jeglicher Arbeit, die Ruinierung des Rentensystems, man ist am Verzweifeln. Und es setzt sich fort mit Großer Koalition mit dem Verdacht, dass Posten wichtiger sind als Politik.

Ich habe gesehen, dass ein Kellner aus unserer Kneipe nach vollem Arbeitsleben nur eine geringe Rente bekommt, bei Verwandten es ähnlich zugeht. Hätten sie überhaupt nicht gearbeitet, wäre dies genauso gewesen.

Es fällt schwer, zu sehen, dass Menschen leiden, Probleme haben, ungerecht behandelt werden, untergebuttert werden. Man kann nicht ungerührt Menschen aus Not weinen sehen. Andere bekommen von Geburt an ihr Leben vergoldet. Auch wenn Gleichheit bei der SPD verpönt ist und nur von irgendwelcher Gerechtigkeit gesprochen wird müssen wir erkennen, dass auch ein Ingenieur nur ein Proletarier ist und nur mit Solidarität sich ein sicheres Leben erkämpfen kann. Und auch das geltende Recht ist nur gesicherte, eingefrorene Macht, solange man nicht Mehrheiten findet, das zu ändern.

Kapitel 8: Heute hier, morgen da.

Der Übergang ins Berufsleben war auch damals nicht so ganz einfach. Zunächst bewarb ich mich bei den Firmen, in denen ich Praxiszeiten des Studiums abgeleistet hatte. Dort bekam ich leider Absagen für meine Initiativbewerbungen. Denn in Konstanz löste sich eine große Computerfirma auf und deren Ingenieure mit Berufserfahrung verstopften den Arbeitsmarkt. Manchmal hat man einfach Pech.

Bei einer Schweizer Rüstungsfirma habe mich beworben, wo ich im Nahen Osten Flugabwehrsysteme einrichten und Einarbeitungen durchführen sollte. Das Interessante war ein doppeltes Gehalt für Inland und Ausland. Allerdings hatte ich Bedenken für die Rüstung zu arbeiten und ganz ungefährlich schien es mir auch nicht zu sein. Nach einiger Zeit bekam ich eine Absage und war halbwegs froh darüber. Nach zwei Monaten bekam ich doch die Zusage, war dann aber schon anderweitig erfolgreich.

Eine zweite Bewerbung bei der Kernforschungsgesellschaft Karlsruhe für deren Computersysteme war auf gutem Wege. Da ich auch Nuklearphysik belegt hatte, war dies ein Plus. Der Professor, mit dem ich das Bewerbungsgespräch führte, stammte auch aus Lauscha. Deshalb nahm ich auch an einer medizinischen Untersuchung teil, die auch erfolgreich endete. Dann hörte ich wochenlang nichts. Natürlich war ich zwischenzeitlich nicht untätig und bewarb mich weiterhin und diesmal in Heusenstamm erfolgreich. Eine Woche darauf erhielt ich die Stellenzusage aus Karlsruhe und musste dann mitteilen, dass ich schon eine neue Stelle habe. Der Professor bedauerte dies sehr, denn er hatte mich geistig schon engagiert, musste aber den bürokratischen Weg gehen. Wenn er mir ein Wort über die realen Aussichten mit sicherer Anstellung gesagt hätte, und mir einen zeitlichen Horizont gegeben hätte, wäre mein Lebensweg sicher anders verlaufen. Dies war wieder ein Scheideweg, wo Pech, Missverständnisse und Verzögerung eine Rolle spielten. Was besonders tragisch war, weil es Distanz zu meiner ersten Freundin schuf und dass ich den badischen, Karlsruher Dialekt immer sehr gemocht habe.

Ein anderes Nebenfach beim Studium war Lasertechnik. Deshalb bewarb ich mich bei einer amerikanischen Laserfirma mit Hauptsitz in Palo Alto und Filiale damals in Heusenstamm. Schon bei Eintreten ins Büro war ich von der angenehmen orangefarbigen Möblierung angetan und hatte das Gefühl, hier hängenzubleiben. Ich hatte ein angenehmes Gespräch mit dem Leiter der Europafiliale, das er hauptsächlich allein bestritt und in dem er viel erzählte, was die Firma vorhatte. Dies ist immer eine gute Voraussetzung für die Einstellung, wenn man wenig gefragt wird und man nicht völlig zerlegt wird. Da mir alles gefiel und ich meinem Vater nicht mehr auf der Tasche liegen wollte, habe ich zugesagt und unterschrieben.

Mein unmittelbarer Chef wollte, dass ich am nächsten Tag anfange und hat mir ein Zimmer in einem benachbarten Hotel aus dem Kontingent für Vertreter zur Verfügung gestellt. Am übernächsten Tag war ich mit Kollegen schon unterwegs mit einem Lieferwagen zu den Münchner Messehallen. Bei der Einfahrt in die Gänge der Messehalle habe ich dem nebenliegenden Stand der Konkurrenz leicht das Dach verschoben. Wir haben medizinische Laser ausgestellt und für die Messe montiert. Eine Woche später wurde wieder alles abgebaut.

Für die ersten zwei Monate begleitete ich einen erfahrenen aus Polen stammenden Serviceingenieur und habe viele Zusammenhänge und Tricks und Handgriffe gelernt. Nebenbei lernte ich auch den Umgang mit Kunden. Die Kunden waren Universitäten und deren Forschungsinstitute, Universitätskliniken und größere Augenarztpraxen. Auch Chemische Werke in Hüls, Leverkusen oder Höchst und Ludwigshafen brauchten Laser für die Spektroskopie zur Analyse ihrer Produkte oder deren benötigten Materialien. Man lernt am meisten durch eigene Arbeit, Irrtümer und zunehmende Fertigkeiten.

Dann bekam ich die Möglichkeit zu einer Fortbildung im Hauptwerk in Palo Alto in Kalifornien. Für mich war es der erste Flug nach London, über Chicago nach Los Angeles. Ich staunte, so nahe an Wolkenkratzern in Chicago vorbeizufliegen, dort den Flughafen per Taxi zu wechseln, und über die Bergketten der Rocky Mountains nach Los Angeles zu schweben. Von dort wieder umsteigen nach San Francisco. Dort wurden wir (mein Chef war mit) abgeholt mit einem bereitgestellten Mietwagen. In Palo Alto war es unmöglich, sich ohne Auto zu bewegen. Wir bekamen ein Zimmer an der El-Camino Road. Der Raum hatte einen angenehmen Duft nach Sandelholz und lag durch einen Drive-In abgetrennt von der Straße. Hübsche junge Bedienungen gab es im Restaurant, und man konnte mit Pancakes den Tag beginnen. Wir lernten auch Tipps (Trinkgelder) zu geben und zu tanken. Die Tage des Unterrichts begannen früh und endeten gegen halb drei nachmittags ohne Mittagspause. Anschließend konnte man sich mit amerikanischen gegrillten Hamburgern stärken, die mir viel besser schmeckten als bei uns zu Hause. Abends konnte man verschiedene Lokale aufsuchen. Wir haben auch die Gelegenheit genutzt nach San Francisco zu fahren. Man musste die Cable Cars gesehen haben, Fisch-Lokale am Fisherman's Warf, an den steilen Straßen des quadratischen Rasters einparken, an der Golden Gate-Brücke parken und die Sicht genießen. Morgens war die Brücke in Nebel gehüllt, erst am späten Abend war sie frei zu sehen. Wir fuhren über diese mautpflichtige Brücke nach Sausalito. Dort am Hafen lagen Hausboote und damals Hippies. Wir fuhren über die Baybridge und bogen verbotener Weise auf die mittlere Insel, die dem Militär vorbehalten ist. Man konnte Alcatraz sehen, der frühere Aufenthaltsort von AL-Capone. In Downtown steht das markante Gebäude „die Transamericana Pyramide". Chinatown ist ein extravaganter Stadtteil mit eigenem Flair. Am sogenannten Broadway besuchten wir eine Bar mit Dixieland-Jazz mit einem sehr freizügigen Programm. Man steckte Geldscheine an den Ausschnitt oder Slip der Tänzerinnen.

Wir waren in den Carnelean Room im 52. Stock des Bank-of-America Wolkenkratzers zu einem Geschäftsessen eingeladen. Die Küche ähnelte dem französischen Stil und war ausgezeichnet. Mich wunderte, warum es Milchglasfenster gab. Aber es war tatsächlich der Nebel, der das Gebäude einhüllte. Allmählich zog er herunter, man war über den Wolken. Und am Schluss gab es Durchblicke nach unten. Wie oft in Kalifornien musste man reservieren und wurde platziert. Auch der Sprachstil in Kalifornien unterscheidet sich sehr von der Ostküste, wo man sehr breit spricht. In Palo Alto spricht man fast ein Schul-Englisch.

Schon nach einem Tag Schulung schaltet das Gehirn auf „Nicht-mehr-Übersetzen" um. Es ist einfach zu mühsam, hin-und her zu schalten. Allmählich versteht man auch das amerikanische Fernsehprogramm im Hotel. Die Firma war eine Abspaltung von Hochschulprofessoren und Absolventen der nahegelegenen Universitäten von Berkeley und der Stanford University von Palo Alto.

Der Entwickler des Argon-Ionen-Lasers der Firma war Dr. Dr. Tony Berg. Keiner der Individualisten der Firma war eingebildet oder hochnäsig. Alles was sie wussten teilten sie bereitwillig mit und erwarteten das auch gegenseitig. Als ich einmal in Europa einmal am Ende meines Lateins bei einem Laser war, kam er gerade in unserer Niederlassung vorbei und schaute nach. Ich zeigte ihm das Problem. Dann sagte er mir, er könne auch nicht zaubern, was mich stark beruhigt hat. Es gab einfach undurchschaubare Fehlerquellen und Instabilitäten. Also gab es ein Ersatzgerät. Dies nur nebenbei. Wir sprachen auch mit dem Entwickler eines Messgerätes für die Brillenstärke. Damals eine Neuheit, warf es ein Bild auf die Netzhaut, der Mikroprozessor stellte auf unscharf und fuhr mehrere Messkurven. Bei Blinzeln oder Wegschauen wurde die Messung unterbrochen. Am Schluss wurden die Werte der Brille auf einem Streifen mit Thermopapier ausgedruckt. Für dieses Gerät musste ich auch Service machen. Ein ähnliches Gerät vermaß das Sehfeld. Der Patient musste drücken, wenn er einen Punkt in einer Halbkugel aufleuchten sah. Ebenso wurde nur gemessen, wenn das Auge selbst sich nicht bewegte, also stabil blieb. Die medizinische Hauptanwendung des Lasers war die Behandlung der Netzhaut. Ein Argon-Laser strahlt ein Licht aus, das optimal vom

Hämoglobin aufgenommen wird. Er ist grün, 5145 Angström, und einen blauen Anteil mit 4880 Angström. Grün ist die Komplementärfarbe zu Rot. Wie Fotografen wissen, ist das sichtbare Licht auf Objekten das Licht, das zurückgestrahlt wird. Der Rest wird verschluckt. Daher wird das Innere des Auges kaum erhitzt, weil die rote Netzhaut und die Adern die Energie aufnehmen und durch das kohärente Licht gibt es einen sehr engen und scharfen Strahl. Mit einem He-Ne-Laser wird das Ziel anvisiert, und dann mit einem Sicherheitsverschluss wie bei einem Fotoapparat wird kurzfristig dosiert ausgelöst. Die Operationsmikroskope waren von Zeiss und hatten eine hochpräzise Mechanik zur Steuerung. Der Strahl selbst wurde früher durch ein Spiegelsystem, das dem Atomium in Brüssel ähnelte, zum Operationsmikroskop geführt. Als die Glasfaseroptik verlustärmer wurde, wurde der Strahl mit einer Glasfaser in das Mikroskop eingekoppelt. Das war wesentlich einfacher. Einmal hatte beim älteren System jemand die Spiegel verstellt und dies nicht gesagt. Das machte mir größte Probleme mit einem eiernden Strahl. Es blieb nichts anderes übrig, als diese Gelenkoptik ganz zu demontieren und sie auf einer optischen Bank neu zu justieren. Ein Problem bei den Spiegeln war, dass sie etwas beschlugen und nicht mehr die volle Leistung am Ende ankam. Mit einem sogenannten Power-meter konnte man die Leistung des Strahls feststellen und den Laser optimieren. Man putzte die Spiegel mit optischem Papier und Lösungsmitteln oder Zinkoxyd.

Der Laserstrahl ist ein faszinierendes optisches Phänomen. Wie im Gleichschritt einer Kompanie kommen die Wellen in gleichem Takt daher, mit gleicher Schrittlänge und natürlich in gleichem Tempo. Alle Soldaten dieser Kompanie sind gleich groß. Deshalb bewegt sich diese Truppe kompakt und nimmt den kleinstmöglichen Raum ohne Chaos ein. Der Laserstrahl ist also monochrom, einfarbig, hat die gleiche Wellenlänge, die gleiche Phase und die gleiche Amplitude. Deshalb stört sich nichts gegenseitig und der Strahl bleibt auf lange Strecken sehr schmal. Die Phasen sind gleich, das heißt der Beginn aller Wellen sind gleich. Nur einige Edelgase können für die Erzeugung von kontinuierlichen Laserstrahlen verwendet werden. Argon-Ionen-Laser für grüne und blaue

Strahlen, Krypton-Laser für blau-gelb-violett-rote Frequenzen. Die Ausgangsleistungen liegen zwischen 2 Watt und 8 Watt. CO-zwei Laser haben höhere Leistungen wie 50 Watt für Operationen bei blutreichen Gefäßen und über 500 Watt zum Schneiden von Metall oder Gummi oder Holz. Die Industrielaser werden von numerisch-kontrollierten Systemen gesteuert, die von anderen, deutschen oder japanischen Herstellern geliefert werden.

Ein Argon-Ionen-Laser ist eigentlich ein Durchlauferhitzer mit kleinen Lichteffekten. Das mit Gas gefüllte Vakuum wird als Plasma wie in einer Neonröhre gezündet und mit hohen Strömen unterhalten. Hohe Ströme und Spannungen bedeuten eine hohe Leistung, die mit Parallelschaltungen von Leistungstransistoren gesteuert wird. Außerhalb dieser Glasröhre sind zwei Spiegel, die das Licht durch Hin-und-Herpendeln verstärken. An einem Ende ist der Spiegel teildurchlässig durch Bedampfen mit Metallschichten wie bei einem Verhörraum der Polizei. Das Licht wird ausgekoppelt und über ein Glasrohr mit im Winkel aufgeklebter Platte (Brewster-Winkel) vorne aus dem Laser herausgeführt. Zum Pumpen des Lasers durch das Plasma werden einige Kilowatt Energie hereingesteckt, deshalb braucht man einen Starkstromanschluss. Wenn nur 2 Watt Lichtenergie herauskommen, ist der Wirkungsgrad verheerend. Der Rest ist Wärme. Deshalb sind im Glasrohr Graphitscheiben untergebracht, die in der Mitte für den Strahl durchbohrt sind. Diese Graphitscheiben leiten die Hitze an die Außenwand der Glasröhre weiter. Die Außenwand der Glasröhre wird von Wasser gekühlt. Das Wasser muss auch noch eine Viertelstunde nach Abschaltung weiter fließen, ich habe einige explodierte oder implodierte Röhren austauschen müssen, wo man bei Feierabend zu eilig war. Solch eine Röhre kostete über 5000 Euro plus die Zeit der Justage. Damit die Phase konstant bleibt, braucht man einen stabilen Betriebszustand und eine thermische Stabilisierung der Spiegel mit Quarzstäben. Diese sind kardanisch gelagert und man kann sie feinjustieren. Die Neujustierung eines Lasers ist ein Geduldspiel. Bei Kohleschippen eines Haufens in den Keller sieht man das Ende der Arbeit, hier ist man bei 5 min beim

Aufblitzen des ersten Strahls, es kann aber auch Stunden dauern. Man justiert dann vom Nebenoptimum zum Hauptoptimum. Wer einmal einen UKW-Tuner fürs Radiobasteln justiert hat, weiß was ich meine. Mich hat der Laserstrahl immer fasziniert, weil er in der Natur nicht vorkommt, und eine lange, feine, schmale und heiße Linie bildet. Beim CO2-Laser sieht man nicht mal den Strahl. Für jeden Lasertyp (Farbe) gibt es entsprechende Schutzbrillen. Allerdings sieht man dann den Strahl nicht mehr, deshalb sind sie bei der Arbeit nicht so brauchbar und man schiebt sie meist nach oben. Dies führte auch zu einem kleinen Augenschaden.

Ich hatte ein kleines Arsenal von Werkzeugen und Hilfsmitteln, wie Fotopapier zum Wegwischen von Staub, kreideartige Lösungen zum Polieren, eine Vakuumpumpe zum Absaugen von Gas bei Startproblemen, verschiedene Messgeräte und einen kleinen Handoszillografen zum Justieren der Schaltzeiten des Verschlusses beim medizinischen Laser oder zur Fehlersuche. Dies alles in einem Aluminiumkoffer, der bei Flügen immer verbeulter wurde. Und immer zu Übergepäck führte, das im Ostblock immer mit Westdevisen bezahlt werden musste. Deshalb musste man hin und her tauschen. Vielfach wechselte man auch Module aus um zu sehen, ob der Fehler in diesem Modul war. Das führte dann immer wieder zu Zollproblemen. Einmal habe ich verzweifelt meinen Koffer beim Zoll gelassen und mein Büro gebeten, mir aus dem Schlamassel zu helfen. Ein anderes Mal half mir unsere Hausspedition als einige Durchschläge von Zollpapieren fehlten.

Am Anfang bei einer neuen Stelle tut man sich schwer, aber nach 3 Monaten kann man Routinearbeiten schon ganz gut alleine abwickeln. Nach 6 Monaten ist man schon ein Spezialist und arbeitet nur noch selbständig. Von meiner Firma wurde mir niemals in Entscheidungen über Garantie oder Lösungswege hereingeredet. Allerdings galt der Grundsatz: jeder macht seine Arbeit alleine fertig, kann sich aber Hilfe holen. Nach einem Jahr galt man schon als Senior (senior engeneer) und Trouble-Shooter.

Was war schön am Beruf: Man lernt viele Menschen kennen, und meist mit positiven Eindrücken. Man bekommt Selbstvertrauen und kann improvisieren. Manchmal gehen Reservierungen für Hotels schief, mal gibt es einen Autounfall. Ich fuhr im Jahr fast 80 000 km und flog so oft, dass ich nach Kerosin süchtig wurde. Für mich roch es allmählich angenehm. Das Reisen in Deutschland war Standard, aber ich hatte auch 2 Reisepässe, die abwechselnd zum Eintragen von Visa zu Botschaften unterwegs waren. Manchmal kam ich am Freitag zurück und wusste nicht, dass ich am Montag in den Ostblock unterwegs war.

Die erste selbständige Arbeit war in Freiberg bei der Bergakademie. Man hat mich hingeschickt, weil man eh nicht viel kaputtmachen konnte, denn die DDR zahlte schlecht und spät und manchmal mit Kompensationsgeschäften. Mein Partner war ein Wissenschaftler, der den Laser zur Raman-Spektroskopie (Analyse von Material, Forschung). brauchte und der erstens wenig Leistung brachte und zweitens von einem Kollegen kaputtrepariert worden war. Alle meine Kollegen sträubten sich in den Ostblock zu fahren, weil die Umstände so bürokratisch, eigenartig waren und verkehrlich vieles im Argen lag. Mir selbst machte das wenig aus, denn man hatte ein angenehmes Arbeitstempo und die Menschen waren nicht so hektisch. Zur Einreise musste ich erst zum Außenhandelsministerium, denn die BRD war ja für die DDR Ausland. Man musste nach Ostberlin, was man aber nicht sagen durfte, denn es hieß ja Berlin, Hauptstadt der DDR. Zweimal Ostberlin aus Versehen sagen war schon eine Provokation. Dann musste man eine Schätzung der Kosten abgeben, obwohl man das Gerät nicht gesehen hatte und nur über dubiose Telefongespräche, die natürlich abgehört wurden, über den Schaden informiert war. In Freiberg musste ich mich erstmal polizeilich anmelden. Ich traf einen ausgesprochen sympathischen Dr. der Physik an, der mir das zerlegte Gerät zeigte. Mir fiel ein loser Draht auf und dann traute ich meinen Augen nicht. Die Drähte führten nicht wie auf dem Schaltplan zu den entsprechenden Punkten. Was war in meinen Kollegen gefahren? Ich vertraute dem Schaltplan und lötete um. Einige Leistungstransistoren waren kaputt, ich hatte welche dabei und schmierte

Thermoleitpaste auf den Kühlkörper. Zu meiner Verwunderung startete der Laser dann ganz normal. Dann geschah mir ein Malheur. Ein Schweißtropfen fiel mir genau auf die Spiegelfläche des Austrittsspiegels. In einer Sekunde rollte sich die Verspiegelung vom Spiegelglas ab. Nun hatte ich einen Ersatzspiegel dabei, wusste aber, dass er sehr teuer war und es mein Verschulden war. Natürlich konnte man dies nicht in Rechnung stellen und mir schwante Böses. Aber für meinen Chef war dies einkalkuliertes Berufsrisiko und der Spiegel wurde aus dem Garantiedepot beglichen.

Ich arbeitete an der Neujustierung bis 19 Uhr, bis mein Kunde mich unterbrach und mich zu einem Orgelkonzert in den Freiberger Dom einlud. Ein unvergessliches Konzert auf der Silbermannorgel folgte. Das schweißte uns zusammen und wir arbeiteten in der Nacht noch weiter, denn das Visum lief bald ab. Am nächsten Tag lief alles stabil und ich konnte noch seine nette Frau kennenlernen. Dann wieder polizeilich abmelden, nach Berlin zum Außenhandelsministerium und die Differenz zur Schätzung diskutieren und dann wieder nach Hause über die Grenze. Später musste ich nochmals nach Freiberg, da vertiefte sich unsere beginnende Freundschaft mit etwas Kaffee und Mitbringsel aus dem Westen. Natürlich traute er sich aus Verantwortungsgründen nicht selbst zu reparieren, obwohl man wusste, was eigentlich zu tun war. Die Wissenschaftler waren ja nicht dumm, fürchteten sich aber vor Eigeninitiative mit Fehlermöglichkeiten.

Öfter war ich beim Regierungskrankenhaus in Berlin, Hauptstadt der DDR. Für die DDR gab es einen Augenlaser für die Republik und einen für die Regierung. Das Problem dabei war, dass er so wenig eingesetzt wurde, dass der Innendruck der Glasröhre aus dem Gleichgewicht kam, Gas aus dem Graphit herausdiffundierte, der Druck sich erhöhte und deshalb Startschwierigkeiten auftraten. Dann musste das Gas abgepumpt werden und im Betrieb bis zum stabilen Gleichgewicht wieder aufgefüllt werden. Dies ging nur in kleinen Schritten, wenn man nicht wieder neu auspumpen wollte. Alles wäre vermieden worden, würde das Gerät regelmäßig in Betrieb gehalten werden, zur Not auch mit normalen Patienten des normalen Volkes. Am Grenzübergang Friedrichstraße wartete ich bei der Einreise 5 Stunden und wurde strengstens kontrolliert. Als ich verspätet beim Regierungskrankenhaus eintraf, erzählte ich, dass es mir nichts ausmachte, denn die Zeit wurde ja teuer bezahlt. Von diesem Moment bekam ich einen Eintrag in den Reisepass, dass ich berechtigt war den Diplomateneingang zu benutzen. Auch dies war peinlich, an den langen Schlangen vorbei zu spazieren. Ich wurde nie mehr gründlich kontrolliert. Natürlich musste man im Regierungskrankenhaus vorsichtig mit Äußerungen sein, mir rutschte auch hier einmal der Name Ostberlin heraus, was als Provokation gewertet wurde. Aber die zuständigen Personen waren überaus korrekt, wie ich dann auch. Für mich war es innerlich ein Skandal, dass die Regierung wie auch Berlin gegenüber dem Rest der Bevölkerung der DDR so bevorzugt wurden.

Bei einer Fahrt nach Greifswald mit der Bahn kam ich mit der klassenlosen Gesellschaft der DDR in Kontakt. Dort gibt es 3 Klassen, die 3. Klasse ist die Holzklasse. Ich durfte 1.Klasse fahren und hatte in meinem Abteil nur eine neugierige einsame Maus zu Gast. Die DDR hatte einen Kleinkrieg mit der Firma Zeiss, die deshalb bei uns mit dem Label Opton überklebt wurde. Allerdings gab es noch eine zweite Variante eines Operationsmikroskops der Firma American Optical, die dort leider eingesetzt wurde. Die Führung des Mikroskops eierte, was durch ein verrutschtes Kugellager verursacht wurde. Leider habe ich versucht, es zu reparieren, wusste aber nicht, dass 2 Kugelgrößen verwandt wurden, die man mit dem Auge kaum unterscheiden konnte. Es war ein elendes Geduldsspiel mit Schmierfett, damit die Kugeln nicht wieder aus dem Lager fielen. Ich glaube nicht, dass die Reparatur dauerhaft war, es ging aber einigermassen und habe nicht mehr davon gehört.

Ein schöner Flug war auch nach Trondheim in Norwegen, wo ein Laser für Operationen am Gehirn und für Frauenkrankheiten installiert werden sollte. Leider hatten die Produzenten nicht das Wasser in den Leitungen abgelassen, das im Flugzeug gefror und Gläser sprengte. Erstmal war es ein wunderschöner Flug von Oslo über die Fjorde. Die Holzhäuschen in Trondheim sind traumhaft und es ist eine kleine Stadt. Am Ufer standen Bootshäuser gefärbt mit „Ochsenblut". Der Ort lag im schönsten Sonnenschein und es war nicht weit hinaus in die Natur.

Nun musste ich warten, bis Ersatzteile geschickt wurden. Deshalb hatte ich die Gelegenheit mir die Stadt fußläufig anzusehen, den Dom, die Geschäfte. Irgendwie fällt man als Ausländer auf. Ich bestellte auch abends eine Flasche Wein zum Abendessen, der sich als horrend teuer entpuppte. Die Reparatur gelang, und der Professor probierte das Schneiden zuerst an einem Apfel, dann an einer Maus, um zu sehen, dass das Blut koagulierte. Anschließend gingen wir in ein Restaurant und ich bestellte mir ein Steak. Als ich hineinschnitt und das Blut austrat, dachte ich nur an die Maus und konnte nicht weiteressen. Auf dem Rückflug übernachtete ich in Oslo, und konnte dort noch etwas bummeln. Rathaus, später mit dem Flugzeug den Holmenkollen gesehen und wieder zurück nach Hause. Auch einen schönen Vergnügungspark mit gutem, das heisst allerbestem Eis gab es. Er erinnerte mich an den Prater in Wien mit seinen Attraktionen.

Ebenfalls eine schöne Begegnung war mit einem sympathischen Forscher einer Elektrofirma in Ljubljana, der probeweise Hologramme seiner Gitarre machte und keine stabilen Bilder bekam. Er war ein älterer Herr, Physiker, Kavalier alter Art, mit überbordender Höflichkeit und Charme. Was mir neu war, er hatte einen teildurchlässigen Spiegel mit einer Messvorrichtung in den austretenden Strahl gestellt. Mir kam die Idee, dass sich mit diesem Spiegel eine sekundäre Schwingung aufgebaut hat, wenn er zufällig parallel zu den anderen Spiegeln im Laser stand. Nach einem leichten Verdrehen des Spiegels gab es intakte Hologramme. Der Laser wurde dann noch ansonsten auf Vordermann gebracht. Wir haben diesen Erfolg mit heißem Slivovitz aus Reagenzgläsern gefeiert. An Lubljana erinnere mich auch an die Küche des Interconti-Hotels mit österreichischem Einschlag: Topfenpalatschinken mit Nussfüllung. Mir selbst war unvergesslich, dass Charles Aznavour am Nebentisch saß.

Und ich erinnere mich an die Besteigung eines Aussichtsturms, wo die Kasse für den Turm vor den Türen zur Plattform oben natürlich erfolgreich war, denn keiner hat nach den Mühen des Aufstiegs auf die Aussicht verzichten wollen. Ljubljana hat auch eine liebenswerte und sehenswerte Altstadt mit Brücken und Cafés. Ich lege Ljubljana jedem Touristen ans Herz.

Auch Zagreb ist eine wunderbare Stadt mit Unterstadt und Oberstadt. Dort richtete ich einen wissenschaftlichen Laser ein, der mit Hologrammen Zähne in Gebiss und Gebissmodellen aufnehmen sollte. Wenn man Hologramme ohne Belastung und mit Belastung überlagert, ergeben sich Interferenzen an den kritischen Stellen, die stark beansprucht sind. Man sieht also Ringe an den Stellen, die verstärkt werden müssen. Mit einer jungen Forscherin arbeitete ich bis in die Nacht hinein. Der Pförtner musste alarmiert werden, damit wir herausgelassen wurden. Auch hier war der Aufenthalt etwas kurz bemessen. Ich war auch ein zweites Mal in Zagreb bei einer Messe. Da unsere Geräte vom amerikanischen Netzstandard auf Europaspannung und Frequenz umgebaut werden mussten (Neuexemplare für die Messe) waren wir noch in den ersten Stunden der Messe am Einbau. Die ersten Besucher stiegen über unsere ausgestreckten Beine. Unsere Firma bekam einen Preis für das Gerät, und wir feierten dies in einer Berghütte oberhalb von Zagreb. Auch hier zeigte der Slivovitz Wirkung, denn ich konnte mich an den Flug kaum erinnern. Erst bei der Landung kam ein mulmiges und schwindliges Gefühl auf.

Bei einer Messe in Brünn waren wir in einer umgewandelten Studentenwohnung untergebracht, die mit einem Transparent als Hotel deklariert wurde. Wir hatten eine sympathische Dolmetscherin, eine Studentin mit Humor und Charme, die das Klima an unserem Messestand bereicherte und die wir stets einluden, weil sie kaum für ihren Job bezahlt wurde. Aber unserer Firma kam sie teuer und wir fanden das ziemlich ungerecht. Sie führte uns in ein Restaurant in einem ehemaligen Kloster, wo wir gut speisten. Eine Gruppe von Zigeunermusikanten gingen in den ehemaligen Kreuzgängen umher und spielten an jedem Tisch. Ich wünschte mir ein Lied von Schubert, auch dies hatten sie im Repertoire. Diese Gruppe hat auch mit Volksliedern, die viele in den Räumen kannten, eine unbeschreiblich rührende Stimmung erzeugt. Unsere Dolmetscherin war ein Goldschatz, den wir würdigen konnten, sie wünschte sich eine Menge an Volksliedern, was in unserem Saal Anklang und Rührung fand. An unserem Stand bei der Messe wurden wir vom amerikanischen Botschafter per Handschlag begrüßt und ich fühlte mich als Amerikaner. Wir unterhielten uns angeregt und humorvoll, denn unser Gerät wurde vorgeführt und machte Eindruck und bekam eine Goldmedaille.

Belgrad hat schon etwas von Orient an sich. Geröstete Maiskolben wurden auf der Straße verkauft. Ich hatte dort einen Laser für Augenoperationen installiert. In einem modernen Messezentrum hatten wir zum Abschluss gespeist. Dort erlebte ich erstmals im Ostblock etwas distanzierte Professoren. Dies war das erste Mal in einem Ostblockland, wo ich nicht warm mit meinen Kunden wurde.

Ein Schwerpunkt meiner Arbeit war Polen. Die Mentalität der dortigen Ärzte kam mir sehr entgegen, allerdings begann jede Arbeit mit einem kleinen Umtrunk. Leider habe ich bei kleinen Mengen Alkohol schon etwas Konzentrationsprobleme, aber eine Ablehnung wäre zu beleidigend. Anfangs habe ich mich auch mit dem schwarzen Umtausch von Devisen in Zloty eingelassen, aber ich bekam das Problem, bei der Ausreise mehr Geld zu haben, als bei der Einreise deklariert. Deshalb habe ich immer die teuersten Speisen gegessen, zum Beispiel auch Kaviar und bekam das Geld trotzdem kaum los. Trotzdem war ich erstaunt über die Dreistigkeit der Taxifahrer, die kaum kontrolliert, schon wieder Schwarzgeld aus ihrer Mütze zogen. Dass es im Ostblock weitreichend Alkoholprobleme gab, habe ich auf den Straßen abends auch bemerkt. Die Ärzte sprachen oft Deutsch, zumindest Englisch oder auch Französisch. Es waren kultivierte Persönlichkeiten, aber wohl auch unterbezahlt. Vielmals bekamen sie von ihren Patienten Naturalien oder Keramik zugesteckt. Einen schönen Porzellanwandteller bekam ich auch, hatte dann aber der Ausreise Diskussionen mit dem Zoll wegen Ausfuhr von Kunstgegenständen.

Nach Polen flog man damals mit Linienmaschinen der LOT oder Lufthansa nach Warschau, von dort unter Umständen weiter nach Kattowitz, Oppeln, Danzig, Breslau oder Krakau. Ich erinnere mich an zwei Aufenthalte in Kattowitz, wo eine Augenklinik besonders gut ausgestattet war, weil eine Verwandte von Staatschef Edward Gierek sie leitete. Es gab 2 Augenlaser, einen älteren und einen neueren, die ich wartete. Kattowitz war eine dunkle Stadt, damals mit viel Ruß und Smog. Die Ärzte sprachen gut Deutsch und Englisch. Die Arbeitsatmosphäre war wie oft im Ostblock freundlich und interessiert. Nicht wie im Westen, wo Zeit für die Klinik Geld kostete, spielte Zeit eine untergeordnete Rolle. Deshalb bemühte ich mich um hohe Qualität und Stabilität ohne großen Stress. Man konnte auch zusammen einen Kaffee trinken, der im Glas bis zum Kaffeesatz getrunken wurde.

Krakau ist eine geschichtsträchtige Stadt, mit vielen polnischen Königen, dem Schloss Wawel, die Weichsel mit verschiedenen Kirchen zwischen Kanälen, die Tuchhallen, das tägliche Turmblasen. Da ich über das Wochenende bleiben konnte, machte ich einen Ausflug zu einem wunderschönen Park. Natürlich kommt man neben den beruflichen Kontakten und der dort verbrachten Arbeitszeit nur zu wenigen touristischen Zielen, und auch hier blieben Wünsche offen. Die Toilette in der Klinik war so verschmutzt und blutig, dass ich sie nicht benutzen konnte.

Oppeln habe ich mit einer Fahrt im Krankenwagen erreicht, ich fuhr als Beifahrer über Land und habe mich bei der ersten Autobahnpause gewundert, dass mein Fahrer nichts zu sich nahm. Er hatte einfach nicht genug Geld, um sich das leisten zu können, dafür ging der ganze Lohn drauf. Natürlich konnte ich mit einem hungrigen Menschen nicht am Tisch sitzen, deshalb habe ich ihn stets eingeladen, was die Stimmung hob. Aus der Gegend von Oppeln stammt meine spätere Frau, aber an Oppeln erinnere mich nur an einen Wasserturm in der Nähe der Klinik, den ich aus dem Fenster sah. Der Raum der Klinik mit dem Gerät war höher als der Wasserturm, was mich auf die Lösung eines Problems brachte. Der Laser schaltete sich bei Betrieb oftmals ab. Was mir auffiel, war die hohe Wassertemperatur und der geringe Durchfluss der Wasserkühlung. Tatsächlich, auch aus dem Wasserhahn kam wenig Druck. Also musste der Laser in ein unteres Geschoss verlegt werden und ich habe niemals mehr von Problemen gehört.

Danzig habe ich auch von Warschau nach langer Wartezeit auf den Start der Antonow 24 B , einer Turboprop-Propellermaschine, wegen Nebels aufsuchen dürfen. Nebel war ein ständiges Problem, denn die Flughäfen waren oftmals umgerüstete Militärflughafen mit schwacher navigatorischer Unterstützung. Dadurch war in der Zwischenzeit mein Hotelzimmer vergeben und ich wusste damals nicht, dass man mit in den Pass eingelegten Devisen vieles erreichen konnte. Aber ich kam in einem Novotel unter und musste am nächsten Tag feststellen, dass ich ein Ersatzteil benötigte. Ein Wunder, nach dem Wochenende war es da. Auf dem Gang des Hotels musste ich vor meinem Zimmer Verhandlungen mit gewissen Damen anhören, die wahrscheinlich Dauergäste des Hotels waren und die ich am nächsten Morgen beim Frühstück mit Herren wiedererkannte. Ich machte Spaziergänge durch Danzig, sah die Kirche, die Renaissancestil-Häuser, den Kran, ein schönes Kaffee mit überragendem Kuchen und erinnerte mich an Günter Grass. Vor dem Hotel traf ich am Sonntag auf einen Taxifahrer, der mit mir gegen Devisen einen Ausflug machen wollte. Ich hatte eigentlich kein Interesse, deshalb ging er immer weiter mit dem Preis nach unten. Bei 40 Mark habe ich mich erweichen lassen und einen wunderschönen Ausflug nach Malbork, Marienburg, unternommen. Wir haben diese Burg des Deutschen Ritterordens besichtigt, die meisterhaft restauriert worden war. Er konnte etwas Deutsch und deshalb mir vieles erklären. Ich habe ihn zum Essen eingeladen (als Dolmetscher benötigte ich ihn ja auch) und habe mich für meine schäbigen Verhandlungen geschämt und ihm ein ordentliches

Trinkgeld gegeben. Nie werde ich diese Fahrt bei schönstem Wetter vergessen.

Warschau wurde während des zweiten Weltkriegs bis auf die Grundmauern zerstört, nichts war mehr höher als einen Meter. Bewundernswert ist deshalb der Wiederaufbau. Gerade beim Restaurieren sind die Polen große Meister. Ich konnte einen Bummel durch die Altstadt unternehmen, war aber auch durch meine Arbeit eingespannt. Wegen fehlender Ersatzteile konnte ich meine Arbeit nicht beenden und musste in 4 Wochen wiederkommen. Diese zweite Reise war eine einzige Katastrophe. Die Lufthansamaschine musste dreimal bei der Landung in Warschau durchstarten und der Pilot entschuldigte sich mit einem nicht funktionierenden Hydraulikmotor. Ich bekam schon Todesangst und der Schweiß lief in Tropfen meinen Rücken hinunter. Mir wurde übel und das blieb auch nach der glücklichen Landung so. Danach der Schock, das Visum war zeitlich noch gültig aber nur für einmalige Benutzung erlaubt. Dies stand in polnischer Schrift gestempelt, nur konnten wir, in unserer Firma und ich, es nicht lesen. Dann musste ich im Flughafenbereich im Niemandsland übernachten, mit der Option am frühen Morgen beim Konsulat ein Ersatzpapier zu bekommen. Das ging seinen Weg und ich sollte mittags kurz vor 12 Uhr wiederkommen. Ich spazierte in einen Park in der Nähe, ging durch einige Straßen und habe mich völlig verlaufen. Fünf Minuten nach 12 stand ich vor verschlossener Pforte, aber nach langem Klingeln habe ich mein Dokument doch noch bekommen. Die besondere Schwierigkeit war, dass man in der Klinik und im Konsulat französisch sprechen sollte, was meine große Schwäche ist. Später habe ich jede Gelegenheit genutzt, mein Französisch zu verbessern.

Ich zitiere Wikipedia: „Auf der polnischen Seite der Tatra sind die Goralen insbesondere um das Touristenzentrum Zakopane in der Podhale herum wohnhaft. Aber auch in Bielsko-Biała und in Żywiec, die in den Beskiden liegen, leben viele Goralen. Dabei fallen vor allem die mit reichem Balkenschnitzwerk versehenen vielgiebligen Holzhäuser mit ebenso vielen

Dachgauben auf. Häufig stehen Goralenfrauen in ihrer Landestracht mit ihrem Stand an einer Stelle, wo viele Passanten und Touristen durchkommen, und verkaufen eines ihrer typischen Produkte. Hierzu zählt vor allem Oscypek, ein geräucherter Schafskäse, der äußerlich an wunderlich ausgeformte Fastnachtskrapfen oder kunstvoll gedrechselte Holzspindelteile erinnert."

Nach Zakopane sind wir mit einem Leichttransporter angekommen, in dem Hotel Kasprowy fand ein Kongress der Ophtalmologen statt. Wir hatten unser Gerät aufgebaut und ich war auch noch für den Abbau zuständig. Und falls Probleme auftauchten, was aber nicht der Fall war. Wir hatten einige Bestellungen und feierten dies zunächst an der Bar mit einer charmanten polnischen Barmixerin. Anschließend feierten wir zusammen nach dem Abendessen und als ich aufstehen wollte, konnte ich es kaum. Ich hatte wacklige Knie und mir war schwindlig. Wie ich ins Bett gekommen bin, weiß ich nicht, aber ich war noch völlig angezogen. Am nächsten Morgen wollte ich sterben, denn die Mischung aus Cocktails und sonstigen alkoholischen Getränken bekam mir nicht. Ich habe daraus etwas für das Leben gelernt, nämlich nie auf Aufforderung in gleichem Rhythmus mitzutrinken. Ich bin nämlich chemisch nicht so resistent wie Andere. Das Hotel liegt wunderschön am Berghang, war schön eingerichtet und die Häuser unten im Ort sind blockhüttenmäßig urig. Die Landschaft ist wunderbar, die Berge der Tatra sind riesig.

Von der Firma bin ich nach Moskau beordert worden, denn der zuständige Kollege hatte in Moskau einen Busunfall und lag im Krankenhaus. In aller Eile habe ich im Selbststudium Russisch gelernt, 13 Lektionen, damit ich wenigstens Schrift und Zahlen lesen konnte und einige grundlegende Redewendungen. In Moskau angekommen, habe ich mich in der falschen Warteschlange angestellt, denn vor mir gab es nur Probleme mit konfiszierter Wurst, die nicht eingeführt werden darf und sonstigen Zollproblemen. Ich sollte abgeholt werden, und der junge Mann war schon verzweifelt, mich verpasst zu haben. Eine Niederlassung, die auch unsere Firma vertrat, hat meinen verunglückten Kollegen betreut.

Eine junge Russin hat sich so engagiert und war für ihn so liebenswert, dass er sie später heiratete. Für Ausländer wurde ein Auto mit Fahrer (von Intourist?) zur Verfügung gestellt, das wir tageweise teuer bezahlen mussten. Meist stand es mit Fahrer vor den Kliniken oder Instituten und wartete. Die junge Russin hat mich zu den Ärzten oder Professoren gebracht und in kurzer Zeit wusste ich, dass sie Englisch oder sogar Deutsch sprachen und ich habe fortan nichts mehr in Russisch investiert. Ich wohnte in einem riesigen Hotel Rossija am Roten Platz in einem Karree mit vier identischen Blöcken, wahrscheinlich mit 2000 Betten. (2005 wurde das Hotel abgerissen und das Areal liegt brach.) In jedem Stockwerk gab es eine Etagenverwalterin mit einem Schreibtisch am Aufzug, die einem Sodawasserflaschen mitgab. Ich denke, das war auch eine soziale Kontrolle. Das Zimmer war etwas spartanisch mit schwarzweißen Fliesen ausgestattet. Gegenüber war der Kreml, das Lenin-Mausoleum, die Basilius-Kathedrale mit ihren verschiedenfarbigen Türmen. Auch konnte ich das Allunionsmuseum besuchen (heute nach der Perestroika völlig neugestaltet). Laut Wikipedia:

Das Gelände mit einer Reihe thematischer Pavillons wurde 1939 als All-Unions-Landwirtschaftsausstellung (WSChW) angelegt und war zunächst bis 1941 in Betrieb. Während des Zweiten Weltkriegs wurde die Ausstellung geschlossen und konnte mit rekonstruierten und neu errichteten Pavillons zum 1. August 1954 wiedereröffnet werden. Zur Saison 1959 ging die Landwirtschaftsausstellung auf erweitertem Territorium in der Ausstellung der Volkswirtschaftlichen Errungenschaften der UdSSR (WDNCh, russ. Выставка достижений народного хозяйства CCCP) auf. Sie war als Schau der Errungenschaften des Sozialismus gedacht und galt in der Sowjetunion als Vorzeigeobjekt, das die Leistungsstärke der sowjetischen Planwirtschaft demonstrierte.

In etwa einhundert zum Teil aufwändig gestalteten Pavillons befanden sich Ausstellungsstücke aus mehreren Regionen und Ländern, aber auch zu verschiedenen Gebieten der Volkswirtschaft. Besondere Bekanntheit errang der Pavillon zur Weltraumfahrt. Hier konnten Exemplare des

Sputnik-Satelliten, Trainingsgeräte zur Vorbereitung der Kosmonauten, Raumanzüge und Teile der Sojus-Raketen besichtigt werden.

Mich als Informatiker interessierte auch der Nachbau der damals führenden IBM-Rechner aus russischer Produktion. Es gab dazu sogar deutsche Bedienungsanleitungen, die damals denen der legendären IBM 360 glichen, die ich kannte. Ein Großrechner, der Standard in der Industrie und bei Versicherungen war. Die Bedienung war identisch und das Handbuch ausgezeichnet, in Deutsch! Die Atmosphäre dieses Parks glich der einer Weltausstellung.

Auf dem roten Platz in Moskau steht auch das Kaufhaus GUM, das ein bisschen der „Galerie Lafayette" in Paris ähnelte. Ein Gewimmel von Menschen und exklusiven Waren, sicher nicht für die ärmere Bevölkerung erschwinglich. Ich hatte in Moskau mit einer Professorin M. zu tun, einer charmanten Frau, der ich damals einen wissenschaftlichen Taschenrechner als Geschenk mitbrachte. Sie war ganz begeistert. Zur Begrüßung musste man einen Wodka nehmen, den man nicht ablehnen konnte. Damit war das Eis etwas gebrochen und man konnte an die Arbeit gehen. Nebenbei fragte sie mich über die jetzige Mode in Deutschland und die Möbel aus. Was gab es in Kino und Oper, welche Kliniken gab es in Deutschland. Sie war verheiratet, aber folgte einer Einladung zu einem Essen im Hotelrestaurant. Da unterhielten wir uns angeregt über Philosophie. Ich hoffe, dass ich mit meiner Begeisterung für Ernst Bloch und dem Prinzip Hoffnung sie nicht in Schwierigkeiten gebracht habe, denn Ernst Bloch war wie ich später erfahren habe im Ostblock verpönt. Das Lokal im Hotel wurde geschlossen und wir auf eine Teestube im anderen Flügel verwiesen. Dort unterhielten wir uns weiter bei Tee aus einem Samowar und Gebäck. Auch die Teestube wurde geschlossen und es blieb uns nur noch die Devisenbar im obersten Stockwerk. Der Wodka Lemon war ausgezeichnet, und wir haben einen schönen Abend erlebt. Die Gastfreundschaft in Russland und im ganzen Ostblock ist sagenhaft und mich hat das Interesse und der gegenseitige Respekt sehr berührt.

Anschließend flog ich nach Leningrad. Das einstige St. Petersburg hieß nach dem ersten Weltkrieg Petrograd, nach dem 2. Weltkrieg Leningrad, und nach der Perestrojka nach Bürgerentscheid wieder St. Petersburg. Mein Hotel lag an der Newa, schräg gegenüber dem Kreuzer Aurora, der für die ersten Schüsse bei der Revolution eine Rolle spielte. Ich musste in der Marineakademie einen Augenoperationslaser installieren, leider war die Installation in den denkmalgeschützten Räumen nicht fertiggestellt, es gab keinen Wasseranschluss zur Kühlung und keinen Starkstrom. Eine weitere Schwierigkeit war, dass die Offiziere kein Deutsch oder Englisch sprachen. So mussten wir uns mit Französisch behelfen, das beide Seiten nur schlecht beherrschten. Mir wurde ein Offizier zur Seite gestellt und ich durfte ein Arbeitspausenprogramm mit Besichtigungen absolvieren.

Zuerst besichtigten wir die Eremitage, den Winterpalast. Dort bekamen wir eine deutschsprechende Führerin, sehr hochrangig. Offenbar hat das Militär besonderen Einfluss und mein Begleiter war ebenso ziemlich hochrangig. Die Führung fand zu Dritt statt, wir konnten eine Auswahl von Gemälden völlig allein und ungestört von anderen Besuchern sehen. Die Räume wurden extra für uns gesperrt. Ich konnte das erst nachträglich richtig würdigen. Auch die prachtvollen Säle sind einzigartig.

Am Abend wunderte ich mich über die allgegenwärtige Straßenbeleuchtung, auch an der Newa, an der Angler saßen. Ich wurde aufgeklärt, dass dies die weißen Nächte sind, und es wird im Sommer nicht richtig dunkel. Immerhin sind wir auf nordischen Breitengraden. Beim Bummel in der Stadt wurde der Offizier oftmals angesprochen und um Auskunft ersucht. Das Militär wurde also als Respektspersonen angesehen und vertrauensvoll als Ortskundiger betrachtet. Aber man konnte auch bei Straßenverkäufern am Wägelchen Kwass kaufen und sich erfrischen. Es schmeckt leicht säuerlich und appetitlich. Es wird durch Gärung aus Brot hergestellt. Wenn man an der Newa promeniert, kommt man zur Peter-und-Pauls-Festung mit ihrem markanten spitzen Turm. Im gepflasterten Innenhof wurden gerade Filmaufnahmen für einen historischen Film gemacht. Die eine Seite waren Szenen aus der

Geschichte, auf der anderen der gesamte technische Apparat mit Kameras und Beleuchtung. Ein glücklicher Zufall führte mich dahin. St. Petersburg ist eine der schönsten Städte Russlands. Allerdings ist sie im 2. Weltkrieg von den Deutschen ausgehungert worden mit über einer Million Toten, eine Schande der deutschen Geschichte.

Am nächsten Morgen fuhren wir mit dem Tragflächenboot zum finnischen Meerbusen zum Peterhof. Peter der Große hat dies als Prunkstück erbauen lassen, leider wurde es im 2.Weltkrieg auch zerstört, aber allmählich großzügig restauriert. Das Schloss haben wir nicht gesehen, aber den großartigen Park. Er teilt sich in den oberen Garten, der dem Schloss in Richtung Meerbusen vorgelagert ist und eine Treppenkaskade mit Wasserspielen zum Hafen hin sich öffnet. Der Schlossgarten ist auch geprägt von 150 Wasserspielen und ähnelt einem Barockpark. Zum Teil sind die Bäume dem nordischen Klima gewidmet Tannen und Fichten. Den unteren Garten schmücken Parterres, Boskettes und Figuren, die auf Peter den Großen sich beziehen. Beim Samsonbrunnen besiegt Peter I. einen Löwen. Der untere Garten wurde von Katharina der Großen vergrößert durch einen englischen Landschaftspark. Mir haben insbesondere romantische hölzerne Gartenhäuschen oder Pavillons gefallen. Jeder der Peterhof gesehen hat, will wiederkommen, denn man kann aus Zeitgründen nur Teile sehen.

Das Lasergerät wurde installiert, und funktionierte und ich wurde zum Flughafen gebracht. Über Helsinki flog ich nach Hause. Zweimal war ich in der damaligen Sowjetunion, dann übernahm wieder mein Kollege die Betreuung.

In Spanien gab es auch eine Niederlassung der Firma, wenn dort größere Probleme auftauchten, wurden wir als Berater und Troubleshooter ausgeliehen. Dies war für mich stressig, denn man konnte wetten, dass es schwierig wurde. Trotzdem konnte ich einige Geräte instandsetzen, aber es gab auch Garantiefälle mit einem Austauschgerät. Ich konnte Barcelona sehen, mit einem Stadtbummel. Der spanische Kollege sprach Englisch. Bei einem Abendessen konnte ich zum ersten Mal sehen, wie ein

Hummer zerlegt wird und ich konnte synchron mit ihm essen. Der Kollege reservierte einen Nachtzug nach Bilbao. Per Gong wurde man zum Abendessen gerufen, und der Tisch hatte eine Traufkante, damit die Teller in den Kurven im Gebirge nicht verrutschten. Im Schlafwagen schlief ich genau über der Achse, so dass mir der Takt geschlagen wurde. Der Komfort des Zuges war wie im Orient Express. Tagsüber musste ich dann in Bilbao arbeiten, so dass ich nur am Rande etwas von der Stadt sah. Mit einem Mietwagen fuhren wir nach Santiago de Compostela, wo auch ein Problem vorlag. Die Altstadt von Santiago de Compostela ist eng und typisch spanisch mit vielen kleinen Geschäften. Die Kathedrale ist riesig und ein riesiges Weihrauchgefäß wurde durch den Mittelgang geschwenkt. Auch Santiago de Compostela ist eine weitere Reise wert.

Eine weitere Reise führte mich nach Granada. Dort fand ich eine zerbrochene Laserröhre im Gerät vor. Nach Rücksprache mit meiner Firma wurde per Luftfracht eine neue Laserröhre versandt. Deshalb hatte ich auch etwas Zeit für den malerischen Garten, insbesondere weil das Hotel mitten im Garten der Alhambra lag. Die Zimmer hatten einen maurischen Anklang, insbesondere auch das Bad mit vielen Mosaikfliesen mit arabischen Mustern. Das Hotel hatte einen sympathischen arabischen Geruch oder Duft. Auch die Altstadt hatte Charme. Als ich zurückfliegen wollte, streikten die spanischen Piloten. Ich reservierte einen Flug von Malaga aus. Als ich dort ankam, streikten die dortigen Piloten. Der Flughafen von Granada war wieder frei. Also fuhr ich im Mietwagen zurück. Schade um den Tag, denn ich hätte da wunderbar die Alhambra besichtigen können. Aber auch die Fahrt von Malaga nach Granada ist traumhaft durch Orangenplantagen und am Horizont der Stier als Reklame.

Ein weiteres Mal war ich in Madrid. Neben der Arbeit konnte ich am Abend den Prado besichtigen. Viele Originalgemälde bleiben mir in Erinnerung, ich fühle mich als Europäer und die Kunstwerke sind meine Freunde und Impressionen. Beruflich ist Serviceingenieur interessant, aber man muss von den Städten, in denen man war, etwas fürs Leben mitnehmen. Die Gelegenheit nutzen. Das Privatleben leidet bei diesem Beruf, man muss sich dafür etwas entschädigen. Ich habe viel verdient, aber auch viel Geld ausgegeben, denn es wäre eine Schande nach der Arbeit im Hotel sitzen zu bleiben. Auch hat man die Gelegenheit viele oft nette Menschen kennenzulernen, man möchte sich ein wenig öffnen. Ich habe mich sehr für die beruflichen Ansichten und Wünsche unserer Kunden interessiert und deren berufliches Können respektiert.

Noch einige Erlebnisse: VFW (Vereinigte Flugtechnische Werke) in Bremen, dort wurden Hologramme von Flugzeugflügeln hergestellt. Um deren Belastung zu prüfen, durfte der Laserstrahl keine Phasensprünge machen. Deshalb musste der Laser thermisch stabil sein, was etwas außer unseren Spezifikationen des Geräts lag. Das bedeutete einige Zentimeter, aber keine 15 Meter für die Aufnahme der Flügel. Eine Tüftelei ohnegleichen. Es wurden Aufnahmen, Hologramme mit und ohne Belastung gemacht, also Durchhänger. Die Überlagerungen erzeugten konzentrische Ringe an den neuralgischen Punkten oder möglichen Bruchstellen. Natürlich konnte man etwas mehr aus dem Gerät herausholen, aber jedes Prozent mehr war erheblicher Aufwand und nur wenige Monate erfolgreich.

In Köln gab es beim Militär ein Lagezentrum, in dem mit einer Laserprojektion die Position der Schiffe der Marine auf eine Wand projiziert wurde. Hier wurden turnusmäßig alle 2 Jahre die 3 Röhren mit den verschiedenen Grundfarben ausgetauscht, obwohl sie eigentlich eine viel längere Lebensdauer hatten. Die Anwendungen sind immer sehr interessant.

In Bayern sollte ich ein Gerät installieren, das gerade mit der Spedition ankam. Vom Biergarten aus sahen wir, wie das Gerät auf Rollen von der Rampe rollte und über einen Meter herunterfiel. Dabei lernte ich das Wort Havarie für die Versicherung kennen. Wir haben also zwei Geräte verkauft. Ein anderes Mal habe ich die Spuren der Gabel eines Gabelstaplers im Gerät gesehen, der sich wohl etwas verfahren hatte. Einmal war ich bei einem physikalischen Institut vor die Frage gestellt, ob ich vor einer Demonstration die neue Röhre einbaue, oder hinterher. Mit etwas Arroganz machte ich mich mit dem Austausch sofort daran, und die Röhre explodierte. Zuerst mussten alle Schäden beseitigt werden, dann wurde die alte etwas schwache Röhre wieder eingebaut. Dies ist auch wieder so ein Scheideweg, aus dem man lernt. „Never touch a running system", wenn man sich nicht unter unnötigen Druck setzen will.

In Hamburg war neben dem Gefängnis Santa Fu ein physikalisches Institut. Die Lage habe ich mir immer an dem naheliegenden Funkturm gemerkt. Einmal war dicker Nebel in Hamburg und mein Orientierungspunkt war weg. Damals gab es noch keine Navis und ich orientierte mich an Stadtkarten und markanten Punkten. Wenn ich schon einmal da war, kann ich mich gut erinnern. In München habe ich mir einen Autokompass zugelegt, denn die halbrunden Ringstraßen desorientierten mich.

In Mainz in den Messehallen bauten wir ein Gerät zu zweit auf. Wir haben uns nicht richtig abgesprochen und vom Trafo hingen die Kabel noch herab und berührten sich. Beim Einschalten gab es einen Riesenschlag, das Licht in der Halle ging aus und ein Loch war im Fußboden. Man lernt hinzu. In dieser Halle war unser Gerät mit einem Wasserschlauch angeschlossen. An einer Kupplung tropfte er unbemerkt, bis ein Mitarbeiter eines Teppichlagers unter der Halle uns verfluchte.

Einmal wollte unsere Firma sich keine Blöße geben, weil kein Ingenieur frei war und schickte mich zu einer Firma, die mit CO-zwei Lasern Druckrollen für Tapetenmuster herstellte. Ich hatte von diesem Gerät keine Ahnung. Es schaltete stets beim Einschalten ab und alle Sicherungen flogen heraus. Ein Satz Sicherungen kostete 300 Mark. Nachdem ich mehrere Sätze verpulvert hatte, machte ich mich mit einem Ingenieur des Kunden auf zur Herstellung von provisorischen Sicherungen. Wir berechneten den Widerstand des Drahtes und die Dicke, die man zum Durchbrennen brauchte. Dadurch stellten wir fest, dass die Vakuumpumpen unseres Geräts zu viel Anlaufstrom sogen. Als diese richtig arbeiteten, haben wir trägere Sicherungen bestellt. Wir waren uns bewusst, das es eine riskante Angelegenheit war. Um so schöner war der Erfolg und das Heureka beim Lösen des Problems. Bei der Reparatur haben wir einen Spiegel ausgebaut und vergessen und der Strahl zielte dann an die Wand. Zunächst unbemerkt fing der Putz munter an zu brennen.

Ein anderes Mal gab es das Schwarze-Peter-Spiel mit Schnittstellen, wo sich eine ungenaue Schnittführung beim Rillenschneiden für die Messer der Stanzwerkzeuge ergab. In eine Holzhalterung wurden per Laserstrahl Rillen gefräst, in die die Stanzmesser eingelegt wurden. Der Fehler wurde von uns Laserhersteller zum Hersteller der Steuerung, dort wieder zum Hersteller der numerisch gesteuerten Werkzeugmaschine wie mit Ping Pong hin und her gespielt. Erst die Zusammenarbeit aller hat den Fehler behoben. Erst wurde der Strahl im Mode (Bezeichnung für die Strahlform) optimiert, so dass er kreisrund und nicht oval war, dann wurde die Werkzeugmaschine feinjustiert, und die Steuerung neu parametriert.

Wie schon angedeutet, lässt das Privatleben bei diesem Beruf zu wünschen übrig. Mir wurde bald klar, wenn ich eine Familie haben wollte, ging das nicht so weiter. Allerdings brauchte ich ein weiteres Jahr um mich abzufinden, dass ich bei Bewerbungen nur mit der Hälfte meines Gehalts rechnen konnte. Aber es war mir klar, dass es einen weiteren Wendepunkt im Leben geben würde. Trotzdem habe ich von dieser Lebensweise ein wenig Zigeunerblut behalten.

Ich erinnere mich an viele Flughäfen, einmal nachts in Barcelona wo man mich auf eine berühmte Flamencotänzerin aufmerksam machte, die mit großer Entourage angekommen war und die man nun hautnah und live sehen konnte. An einen Sessel in der Maschine der Aviaco, der beim Start einen gefühlten Meter rückwärts schob, weil nicht fest genug verschraubt. Ich rieche noch das Kerosin oder höre die Motoren der Turbopropmaschinen. Ich erinnere mich an einen Flug über die Schären. Ich erinnere mich an Palo Alto, an den Flair der Bay-Area, an San Francisco und die Golden Gate-Brücke halb im Nebel. Ich erinnere mich an die

Offenherzigkeit der Amerikaner und deren Lebensstil. Ich erinnere mich an die Freundlichkeit und die menschliche Wärme der Menschen aus dem Ostblock und die gegenseitige Neugier. Ich erinnere mich, wie ich oftmals besonders im Osten an Tische platziert wurde und mich an meine fremden Tischnachbarn angefreundet habe. Ich erinnere mich an den Charme von St. Petersburg oder Moskau oder Sofia oder Brünn. Ich erinnere mich an ein intensives Leben und selbständiges Agieren. Ich erinnere mich an die Grenzen meines Könnens, wenn es schwierig wurde. Ich bin dankbar für das exzellente Zeugnis meines Arbeitgebers und sein echtes Bedauern für das Ausscheiden und für das ausgezeichnete Verständnis mit meinen Arbeitskollegen, und die herzlichen Begrüssungen im Büro, wie ich es kaum wieder hatte.

Kapitel 9: Ach Barbara!

Ach Barbara!

Wie war ich glücklich, dass sie sich für mich interessiert hat. Für mich! Wie hübsch sie war, mit braunem Pagenkopf, darin ein wenig graue Strähnen, volle Lippen. Mit einem hinreißenden Lachen, zwei Märchenaugen. Wie leicht konnte man sich mit ihr unterhalten, scherzen, auf gleicher Wellenlänge. Sie war Lehrerin und unterrichtete Kunst. Bei ihren Schülerinnen war sie hochbeliebt. Anfangs unternahmen wir viel zusammen. Aber irgendwie hielt sie Distanz, ich bemerkte, dass wir uns nicht über das Wesentliche unterhalten hatten. Sie sagte mir, ich sei ihr sympathisch, aber sie wäre keinesfalls verliebt in mich. Ganz im Gegensatz zu mir, ich war voller Bewunderung und total verliebt. Deshalb versuchte ich mich mehr und mehr anzustrengen, mit mäßiger Wirkung.

In meinem Innern habe ich ein Hasenherz. Putzig wie der Hase in der Albertina in Wien von Dürer. Wie klein, wie furchtsam. Ducken und verstecken, wenn es Bedrängnis gibt. Dann steckt in mir noch das Gemüt eines Nashorns, eines Rhinozeros. Da prallt vieles von mir ab, was ich nicht wahrhaben will. Und drittens steckt noch das Gehirn einer Eule in mir, die Vernunft und das Begehren nach Wissen und Verstehen, die Ratio.

Das Hasenherz fürchtete sich vor allem, was diese Beziehung gefährden könnte und ließ mich schweigen. Das Nashorn ignoriert schlechte Vorboten und Sticheleien. Die Eule warnt mich zur Klugheit, Vorsicht und Weitsicht. Drei Jahre war ich ihr treu verbunden und habe ihr wie ein Page oder Knappe gedient. Ich brachte ihr Lebensmittel als sie krank war. Ich unterstützte sie bei Behördengängen und Arztbesuchen. Alles gerne, was jeder Freund tut. Von ihrer Vergangenheit erzählte sie nichts, nur dass sie ein Waisenkind ist und bei Pflegeeltern war. Vielleicht fehlte ihr deshalb ein Urvertrauen. Ach wie liebte ich ihr Lachen, ihr Lächeln, ihre Art zu gehen, ihren Humor.

Nun sind Frauen für mich immer ein Rätsel geblieben, sie denken anders, sie deuten an und meinen, man könne sich den Rest denken, sie geben Anreize und testen die Wirkung, sie sind charmant oder sind sie nur freundlich? Allerdings erzählte sie mir, dass sie ein Verhältnis mit einem verheirateten Lehrer hatte (oder vielleicht noch hat?). Das war für mich ein riesiger Schock, das mein Bild von ihr auf den Kopf stellte. Das Hasenherz sagt, sie ist noch immer meine Freundin. Das Nashorn sagte, es ist alles noch heilbar. Die Eule meinte, wache auf, sie ist nicht Deine Freundin, sie ist nur eine Freundin. Konnte man noch mit ihr über eine Zukunft reden?

Damals habe ich mich mit Franz Schuberts Musik getröstet, aber sie zieht einen an den Rand eines Suizids. Wo bleibt das Selbstbewusstsein, wenn man geringgeachtet wird. Wer verliebt war, weiß wie nahe Glück und Bitterkeit sein können. Wenn man nach Sternen greifen will, muss man sehen, dass man selbst nur ein Sternchen in der Milchstraße ist. Und das Leben geht weiter, „bis das Meer trinkt alle Bäche aus." Eine Arbeitskollegin sagte mir, schlag sie dir aus dem Kopf, du kannst ja gar nicht mehr richtig arbeiten.

Um ihr Gerechtigkeit zukommen zu lassen, konnte sie dafür nichts. Gefühle kann man nicht erzwingen. Vielleicht habe ich sie auch mit meinem sozialen Umfeld abgeschreckt, manchmal habe ich mich zu wichtig genommen, mich falsch verhalten, Selbstüberschätzung. Und dann „hab ich sie nur auf die Schulter geküsst." Als sie das doch sehr erschreckt hat, wusste ich, das sie keine Anziehung für mich fühlt. Eine asymmetrische Anziehung oder eine unerwiderte Liebe ist der Kern vieler Romane und Opern. Die Eule sagte zu mir, ein Ende mit Schmerzen ist besser als Schmerz ohne Ende. Das Prinzip Hoffnung hat dort seine Grenzen, wo man zu einer Fata Morgana strebt, man muss dann seine Hoffnungen neu justieren, wenn man fürchtet, dass die biologische Uhr tickt und Träume von Familie, Zusammengehörigkeit, Zärtlichkeit platzen.

Wir haben uns niemals wiedergesehen. „Ich denke oft an Piroschka!" Eine gewisse Traurigkeit, Bitternis und Enttäuschung über mich und sie bleibt zurück.

Kapitel 10: Firmenwechsel nach Frankfurt

Ich wollte die Reisetätigkeit aufgeben und einen festen Arbeitsplatz an einem festen Ort. Da mein Freundeskreis sich jedes Jahr halbiert hat habe ich realisiert, dass ich Freunde und Freundinnen behalten muss.

Eine Stellenanzeige von der größten deutschen Elektrofirma habe ich gefunden und ich habe mich für einen Job in der Datenverarbeitung beworben. Damals war die Arbeitsmarktsituation so, dass man Stellen auswählen konnte. Mit dem Selbstbewusstsein, eine feste ungekündigte Stelle zu haben konnte man selbstbewusst einen guten Eindruck machen. Ein Einstellungstest verlief positiv. Allerdings einen festen Vertrag in die Hand zu bekommen erwies sich in diesem Personalwesen als schwierig. Erst als ich die schriftliche Zusage mit der Bestätigung meines Vertrags zugefaxt bekommen habe, habe ich gekündigt. Mit meinem alten Chef war ich noch am Abend vorher in einer Eisdiele und habe das Thema nicht angesprochen, und habe dann am nächsten Morgen schriftlich gekündigt. Fein war das nicht, aber ich hatte mich schon entschieden und wollte keine Diskussion darüber. Eine Kündigung ist schwierig zu formulieren und zu überbringen. Viele Kollegen wollten mich davon abbringen, in diesem „Bürokratenladen", der neuen Firma zu arbeiten. Auch nach einem Monat wollten sie mich gern in meine erste Firma zurückholen und ich habe bei zwei netten Arbeitsessen nochmal vorgefühlt, ob ich dort mit einem sesshaften Arbeitsplatz rechnen könnte. Dies war anfangs nicht und dann nur teilweise möglich. Ich dachte mir auch, dass man niemals in die alte Firma zurück sollte, denn dies macht kein gutes Bild in einem Lebenslauf. Trotzdem schied ich nicht im Bösen und habe mich noch privat mit den ehemaligen Kollegen und dem Chef getroffen, bis dies einschlief.

Auch am ersten Arbeitstag gab es Missverständnisse, ich wurde vom Standort München eingestellt und erschien dort, während man mich in der Frankfurter Verwaltung erwartete. Aber dort gab es nette Kollegen und ich wurde in einem alten Gebäude in der Gutleutstraße in Frankfurt gut aufgenommen. Dort wurde ich eingearbeitet, durfte dann aber an zwei vierteljährlichen Ausbildungen in München teilnehmen. Dort lernte ich das Großrechnerbetriebssystem BS 2000 kennen und das Programmieren und das Arbeiten mit dem System. Die Ausbildung war fundiert und gut, das Management von Problemen vorbildlich. Ich lebte in einem Hotel in Schwabing als Dauergast. München ist freizeitmäßig ein Privileg. Ich erinnere mich an Veranstaltungen im Olympiapark, an das Deutsche Museum, an eine Weinstube in Schwabing, einen Bierkrug im Rücken im Hofbräuhaus… Ich bekam auch ein Vertriebsseminar am Spitzingsee mit den Grenzen meines Könnens und ich stellte fest, dass manches ausbaufähig war. Dann kam ich wieder ausgebildet zurück.

Nun konnte ich auch eine festere Verbindung mit meiner neuen Freundin eingehen, konnte den politischen Freundeskreis ausbauen. Ich wohnte sehr billig in Dietzenbach in einem Hochhaus, was sich schleichend immer mehr zu einem Problem entwickelte. Der Schnitt der Wohnung war gut, ein schöner Balkon im 8. Stock, die Geräuschisolierung war gut, aber nicht nach oben und unten. Ich hatte mich in skandinavischem Stil eingerichtet, was damals schick war. Eine schöne Braun-Stereoanlage hatte ich mir zugelegt. Die Einbauküche war eingerichtet. Aber allmählich beobachteten wir eine Verslumung. Auch die Hausverwaltung hatte uns von Anfang unseren mitgemieteten Stellplatz in der Tiefgarage verheimlicht, so dass ich jeden Abend auf Parkplatzsuche war. Die Fahrt nach Frankfurt zum Hauptbahnhof war stark beengt, meist stehend in einem Bus, machte mir aber Spaß. Zur Firma ging es zu Fuß mitten durch das Rotlichtviertel, was überraschend vielfältig ausgeprägt war. Auf dem Weg dahin gab es gut duftende Bäckereien.

Nach der Heirat mit meiner Freundin zogen wir zusammen und sparten für einen Umzug. Meine Schwiegermutter machte mir Mut für einen Neubau. Das aber später.

Meine Aufgabe bei meiner Elektrofirma war die Betreuung der Deutschen Bundesbahn. Dort entwickelten wir neben der Betreuung der

Platzbuchung, wo die Kärtchen für die Zugplätze reserviert und gedruckt wurden, ein Projekt EPA, was sämtliche Züge in der Bundesrepublik koordinieren sollte. In Datensätzen sollten alle Daten jedes Wagens und Fahrzeugs aufgenommen werden, die richtige Wagenreihung in Rangierbahnhöfen aufgenommen werden und alle Bewegungen kontrolliert und erfasst werden, sowie die Reparaturen gesteuert werden. Nebenbei sollten alle Fehler der Software gemeldet und behoben werden. Dabei arbeitete ich mit. Allmählich habe ich erkannt, dass das Projekt überambitioniert war, von einem Professor ersonnen. Man ertrank in Daten, wenn man für jeden Eisenbahnwagen das letzte Schräubchen verwalten wollte. Auch kamen ja immer neue Wagen und Lokomotiven aus dem Ausland hinzu. Damit sollte auch die Wagenreihung übernommen werden, wenn man im Rangierbahnhof an- oder abkoppelte. Das Projekt wurde immer mehr gekürzt, von 10 Großrechnern blieben noch 2 übrig. Meine tägliche Arbeit war das Aufnehmen und Prüfen von Problemen, das Weitermelden nach München und möglichst eine Behebung der Probleme. Ich arbeitete mit 2 externen Mitarbeitern, die von meiner Firma engagiert waren zusammen und bemerkte lange nicht, dass sie aus klugen Gründen ihr Wissen mir nicht weitergaben, damit ihr Stuhl nicht wackelte. Andererseits hatte ich keinerlei Weisungsbefugnisse. Meinem Chef fiel das früher auf und er versetzte mich in eine andere Gruppe. Für mich war dies deshalb bitter, weil ich in dieser Zeit die ersten Probleme selbst lösen konnte.

Ich bekam einen neuen, älteren Chef, ein vornehmer und gutmütiger Mensch, dem ich absolut loyal diente. Mit ihm stellte ich eine Übersicht der Schnittstellen und Aufgaben unseres Systems zusammen. Die größte Schwierigkeit war am Schluss alle daran beteiligten Mitarbeiter der Bahn aufzuführen, damit niemand sich gekränkt fühlte. Es war wie im Abspann eines Spielfilms. Leider ließ sich mein Vorgesetzter nach München versetzen und war sehr gekränkt darüber, dass ich nicht mitwollte.

Also bekam ich ein neues Arbeitsfeld, die mittlere Datentechnik. Es waren Rechner, die man heute nicht mehr kennt, mit dem Betriebssystem

Amboss. So fühlte es sich auch an. Sie waren Rechner für größere Abteilungen oder kleine Firmen. Das Hauptmanko war fehlende Anwendungssoftware. So wollten wir eine Software für die Frequenzvergabe der Bahnsender erstellen. Im Prinzip aber entwickelte der Kunde die Software und pflegte das System, was aber die Bahn vor Probleme stellte. Die Funkfrequenzvergabe für die Bahnsender erforderte ein Programm für die Erstellung eines Schachbrettmusters, damit sich Frequenzen nicht überlappen. Am Schluss gab es kein Geld für das Projekt, was leider oft zu vielen Arbeiten für den Papierkorb führte. Das führte mich zu einer gewissen Resignation.

Zu diesem Zeitpunkt starb auch meine Mutter früh an Nierenkoliken und einem darauffolgenden Herzversagen. Das hat mich erschüttert und mit einer neuen Lebensgefährtin meines Vaters den Kontakt zu ihm verringert. Dass seine Lebensgefährtin offenbar meine Frau nicht mochte, führte zu Missstimmungen und Besuche wurden kritisch. Nichts ist so verstörend, wie wenn man zunehmend mit seinem Vater nicht mehr auskommt.

 Obwohl das Arbeitsklima gut war, die Sozialleistungen und die Chefs sympathisch waren, verließen einige Mitarbeiter die Firma. Als mein unmittelbarer Kollege ging, fand er noch ein besseres Angebot bei einer dritten Firma und bot mir seine jetzt vakante Stelle an.

Da ich nun keine größeren Stellenangebote durchforsten musste, wenn ich nicht das Licht in meiner Abteilung ausmachen wollte, habe ich mich vorgestellt. Bei dem Personalchef einer großen Versicherung in Oberursel habe ich wohl einen guten Eindruck gemacht, und mein unmittelbarer Chef kam auch von meiner alten Firma. Wir wurden uns einig mit einem von meinem Kollegen gut ausgehandelten Gehalt, denn ich hatte ja gleichwertige Qualifikationen. An meine Zeit mit der deutschen großen Elektro-Firma denke ich gern zurück, ich bekam eine gute Ausbildung, verdiente gut und vermisste die netten Kolleginnen und Kollegen. Ein wenig hat mich die Bürokratie gestört, einmal durfte ich mir aussuchen, wo ich schlecht bewertet wurde, weil kein Geld für zusätzliche

Arbeitspunkte im Budget war. Es ist bitter, sich selbst abwerten zu müssen. Das war bei meiner neuen Firma anders.

Kapitel 11: Familie

Zweimal in meinem Leben hatte ich Magenprobleme, einmal vor der Heirat und einmal beim Hausbau.

Meine Freundin und spätere Frau war wie auch ich damals jung, hübsch und schlank. Na ja, hübsch war ich wohl nur in ihren Augen. Insbesondere beeindruckte mich ihr Charme und auch der leicht oberschlesische Dialekt. Zunächst gingen wir zusammen in einen Tanzkurs, bei dem ich mich etwas schwertat. Ihr machte es nichts aus und beim Abschlussball haben wir etwas gefeiert. Wir belegten auch die Fortsetzung bis zur goldenen Tanznadel. Dies war für meine Schwiegereltern, die streng konservativ waren noch unkritisch.

Nach unserer Verlobung erinnere mich an einen späten Abend, wo ich sie nach Hause bringen sollte, an dem Unmengen von Schnee fiel. Völlig unverantwortlich bin ich am späten Abend nach Oberursel geschlittert, bei kaum Sicht bei dichtem Schneetreiben, Schlittern auf der Autobahn, statt sie bei mir übernachten zu lassen. Aber damals gab es noch eine strenge katholische Moral. Dass ich Protestant war, war auch ein großes Hindernis. Ich bin aber dann als gutmütig angesehen worden.

Einen ersten gemeinsamen Urlaub haben wir in der Wachau verbracht. Ich erinnere mich an Besenwirtschaften, Wanderungen in die Weinberge, nach Maria Taferl mit der schönen Aussicht auf die Donau, eine Freilichtvorstellung in Stift Melk mit einer Posse von Nestroy, mit einer echten Kutsche mit Pferden auf der Bühne, mit einer Mückenplage und anschließendem Gewitter. Das wunderschön gelegene Stift und auch die Kirche von Dürnstein bleiben in Erinnerung. Ich sehe auch meine Frau noch vor mir auf der Ruine von Dürnstein, mit einer Sonnenbrille mit großen Gläsern und einem Shirt mit Spaghetti-trägern, sehr hübsch. Wir haben einen Ausflug mit Bahn und Schiff nach Wien unternommen, was niemals verkehrt ist.

Dann kam der Papierkrieg mit den Personenstandsunterlagen zur Heirat. Sowohl bei mir als auch bei ihr gab es Probleme mit den Namensbezeichnungen. Mein Vater hat den postalischen Doppelnamen nicht mehr weitergeführt, was zu Diskrepanzen beim Stammbuch führte. Erst eine Erklärung des Standesamts des Geburtsortes in der DDR hat zur Aufklärung beigetragen. Bei meiner Frau war es die Polonisierung ihres Vornamens in unterschiedlichen Papieren. Erst am Schluss stellte sich heraus, dass beim Vertriebenenausweis in Friedland eine automatische Germanisierung durchgeführt worden ist. Dies führte zu einem Pendelverkehr zwischen den Standesämtern in Dietzenbach und Oberursel, wobei man in Oberursel die meisten Knüppel zwischen die Beine bekam. Also bekam Dietzenbach den Zuschlag. Auch weil ich dort Stadtverordneter war lief vieles besser. Jedenfalls war dieser Papierkrieg zwar formell nötig, aber machte uns die ersten grauen Haare. Zur Hochzeit bekamen wir von den Kollegen meiner Firma ein schönes praktisches Geschenk.

Wir lebten eine Zeit in der Wohnung in Dietzenbach, meine Frau wurde Beamtin und Fernmeldeobersekretärin. Sie hatte bei der Telex-Auslandsvermittlung Schichtdienst, und wir sahen uns manchmal nur zwischen Tür und Angel. Später wurde der Schichtdienst reduziert und die Vermittlung automatisiert. Ich selbst wechselte zu einer Versicherung nach Oberursel, was einen etwas weiteren Weg ausmachte. Meine Schwiegermutter stellte den Antrag für einen Bauplatz in Oberursel, den sie sich schwer erkämpfte. Als sich herausstellte, dass wir gemeinsam bauen wollten, gab es wieder Schwierigkeiten. Ein wenig hat geholfen, dass ich bei einer Firma aus Oberursel arbeitete. Wir bekamen den Bauplatz unter Auflagen. Wir fanden einen Architekten in der Umgebung der Baustelle, aus dem Telefonbuch, was sich als großer Glücksfall herausstellte. Der Bau wurde hälftig finanziert, zum Teil mit einer Lebensversicherung meines Arbeitgebers, Bausparverträgen und Ersparnissen meiner Schwiegereltern.

Bauen geht an die Substanz. Obwohl ich ingenieurmäßig an die Sache heranging, bekam ich wieder Magenprobleme wegen vieler kleiner Widrigkeiten. Zunächst mussten alle Details des Bauplans geklärt werden. Ein Nachbar erhob Einspruch gegen ein Satteldach wegen Beschattung seines Balkons. Der Architekt schlug dann ein Krüppelwalmdach vor, was sich als viel schöner herausstellte und auch Frieden mit dem Nachbarn wiederherstellte. Als die Grube ausgehoben war, strömte entgegen dem Bodengutachten Wasser in die Grube von der Seite. Statt einem Streifenfundament musste eine wasserdichte Wanne hergestellt werden. Das bedingte Mehrkosten. Unsere Lebensversicherung machte wegen der Rangfolge im Grundbuch Probleme. Am Schluss wurde der Kredit der Bausparkasse erhöht und mein Vater hat dafür gebürgt, was ich ihm hoch anrechnete. Das Haus wuchs in die Höhe und wir konnten fristgemäß einziehen.

Und ein paar Jahre später wurde meine Tochter geboren. Das krempelt das Leben um, wie es wohl Sie auch wissen. Ich erinnere mich an die Zeit vor der Geburt, wo allmählich mein Auto Startprobleme machte, was natürlich auch bei den Wehen passierte. Meine Frau zählte zu den „alten Erstgebärenden", was zu einer Fruchtwasseruntersuchung führte. Es war alles in Ordnung, aber was hätten wir getan, wenn nicht? Als sie auf dem Operationstisch lag, überholte uns ein anderes Paar im anderen OP und ich stand mit meiner Frau allein. Allmählich stand ich in einer Pfütze von Fruchtwasser und rief wenigstens nach einer Schwester, da ich mich hilflos fühlte. Die waren aber alle gelassen und plötzlich verlagerte sich die Mannschaft zu uns. Meine Frau fand die Geburt sehr schwer. Der erste Schrei meiner Tochter machte mich glücklich und bis heute liebe ich meine Tochter. Ich erinnere mich an ihre winzigen Finger. Ich erinnere mich an die ersten Jahre mit viel Weinen und dass ich nachts das Kind durch die Wohnung trug. Meine Frau bekam wenig Schlaf ab und da sie sehr lärmempflich ist war sie nahe an der Verzweiflung. Aber für mich stärkte es die Bindung an meine Tochter.

Mein unzuverlässiges Auto wurde verkauft und ich bekam dafür genauso viel, wie der fällige kleine Buggy für meine Tochter gekostet hatte. Das hat mich so verbittert, dass ich den Neuwagen dort nicht kaufte, sondern einen Honda Accord. Dies war ein zuverlässiges und schönes Auto.

Da nun Opa und Oma im Haus wohnten, konnte meine Frau schon früh wieder arbeiten. Zuerst noch zu Hause, dann wurde die Tochter von Opa zum Kindergarten gebracht. Meine Tochter und Opa und Oma waren ein Herz und eine Seele. Ein bisschen Verwöhnung war auch dabei, denn alles was wir nicht erlaubt hatten, bekam sie wohl ein Stockwerk höher. Im Kindergarten bewunderte ich die Geduld der Erzieherin. Mit so einem Bienenschwarm wäre ich nicht fertiggeworden. Es wurde sehr viel Phantasie in das Spielen eingebracht, wir liebten das Personal. Schön waren auch die Kinderweihnachtsfeiern meines Arbeitgebers, der in einer Halle ein richtiges Weihnachtsdorf aufbaute.

Die Urlaube wurden auch immer mehr von meiner Tochter geprägt, denn ihre Vorlieben wurden von uns bestens bedient, sei es das Elektroauto vor dem Spielwarengeschäft in Mittenwald, die Spielplätze an der Isar bei Mittenwald, der Märchenwald, das Eis am Eiscafé. Ich erinnere mich an das Heraufschieben des Kinderwagens am Hang beim Ferienhaus, die Wirtin traf uns und sagte „wer das Kind liebt, der schiebt". Das Fahren mit dem Tretboot auf dem Zeller See bei Mittagszeit mit bei mir leichtem Sonnenstich. Das Reiten beim Porsche Reitclub in Zell am See, vormittags und nachmittags. Der Trotzkopf nach der Seilbahnfahrt bei Naturns in Südtirol, wo sie den letzten Hang bis zum ebenen Bergweg nicht mehr gehen wollte und sich hingesetzt hatte. Ihrer Oma sagte sie „ich habe mich durchgesetzt!".

Das Kind wurde größer. Die Grundschule fiel meiner Tochter leicht, denn sie hatte auch herzensgute Lehrerinnen. Es ist schön, wenn alles gut läuft und Spaß macht. Der Weg entlang des Urselbachs war nicht weit. Dann begann der Wechsel zum Gymnasium.

Das Lernen war dort etwas schwerer. Sie musste feststellen, dass sie nun nicht die Beste war. Einige Freundinnen waren neidlos besser, zum Teil auch von den Voraussetzungen her, wenn die Mutter zum Beispiel selbst Lehrerin am Gymnasium war. Auch durch die Fächerwahl wurden Freundschaften getrennt. Sie machte Erfahrungen mit den örtlichen Vereinen, Singen machte keinen Spaß wegen einer unsympathischen Leiterin, den Karnevalsverein fand sie albern. Die Liebe aber war die Mitgliedschaft im Reitverein, das Reiten zuerst mit Haflingern, dann mit verschiedenen Pferden und zuletzt mit einem Thüringer Warmblut, mit dem sie selbst warm wurde. Mir selbst hat das auch viel gebracht, denn das Mithelfen ist eine anpackende Gelegenheit, aktiv und Freundschaften schaffend. Natürlich gibt es dort auch Mädchen, die die Nase hochtragen. Aber man kennt sich aus Schule oder aus dem Reitstall und hilft bei Festen und Arbeitseinsätzen.

Es ist auch eine Geschichte der Pferdepersönlichkeiten. Zunächst die blondhaarigen Haflinger Susi und Strolch mit ihrem huckeligen Hoppeltrab und dem stabilen Gemüt. Dann die zickige Connemara-Stute, die mit nach hinten gelegten Ohren drohte, den Hintern der Box-Tür zuwandte und zunächst ausschlug. Mit Mühe konnte man ihr die Hufe auskratzen und das Halfter anlegen. Mit dem Pferdeknecht hatte sie kein Problem, denn er brachte ja das Futter und war grob und konsequent zu ihr. Später kam sie in einen Reitstall im Hintertaunus, hatte nur eine Bezugsperson und wurde ein liebes Pferd. Dann wechselnde Pferde und zuletzt unser geliebtes Thüringer Warmblut. Ich denke auch gerne an die Vorsitzende des Reitvereins, eine Mutter mit eigenem Pferd und einem Pferd für ihre Töchter. Sie war warmherzig, verstand auch die sozialen Beziehungen im Verein und unterstützte uns mit Rat und Tat.

Die Oberstufe war eine weitere Trennung nach Fächern. Meiner Tochter missfiel das immer größere Konkurrenzdenken um Noten. Chemie und Französisch und Mathe fielen ihr etwas schwer, so dass ich ihr eine Zeitlang Nachhilfe gönnte. Damit kam sie dann ganz gut voran. Physik hat sie dann abgewählt, was ein Studium der Biologie erschwert hätte. In

Kunst und Biologie war sie gut, hatte aber dann auch gute Noten in den Sprachen. Dann kam das Abitur, der Notendurchschnitt war gut genug für den Numerus clausus. Ich war in vielen Elternabenden, habe mit Entsetzen gesehen, dass eine konservative Mehrheit mit einseitigen Einladungen von CDU-Kandidaten vorhanden war. Mit Schadenfreude habe ich gesehen, dass die meisten Schülerinnen den CDU-Europaabgeordneten abschreckend fanden.

Die Studienwahl ist wieder ein Scheideweg. Lehrerin wollte Birgit nicht werden. Bei Probevorlesungen beim Biologicum auf dem Riedberg wurden wir von biochemischen Formeln erschreckt. Das Studium der Landschaftsarchitektur lag ihr nahe. Zur moralischen Unterstützung und als Fahrer war ich immer mit. Wir besuchten eine Probevorlesung in Kassel, was uns die Berufsberatung nahegelegt hatte. Das war ziemlich unpersönlich und akademisch. Demgegenüber eine Vorstellung der Fachhochschule Geisenheim mit sympathischem Ort, Professoren, schöner Gegend. Zunächst musste sie ein Vorpraktikum bei einem Gartenbauunternehmen in Oberursel machen, wo sie sich ihre Finger abscheuerte. Aber auch viel gelernt hat. Dann wurde eine Wohnung in Geisenheim gesucht. Über einen Makler haben wir für sie eine Dachgeschosswohnung in der Nähe der Fachhochschule gefunden, 100 m vom Geisenheimer Dom entfernt. Die Wohnung war bei ihren Kommilitonen/Kommilitoninnen beliebt und es gab immer einen Siebträger-Espresso. Ich fand es schön, dass sie immer selbständiger wurde und wollte es ihr für ihr Studium nicht unnötig schwermachen. Alle Fächer machten ihr Spaß und die Professoren waren gut und das Arbeiten und Entwerfen machten ihr Spaß. Einmal gab es eine Krise mit Baukonstruktion; die Abgabearbeit fiel durch wegen Unprüfbarkeit der Maße. Auch die zweite Prüfung war unter 4, so dass sie in die mündliche Prüfung musste und endgültig gnädigerweise eine 4 bekam. Trotzdem hat sie sich mit dem strengen Professor gut verstanden und bei ihm bei einem weiteren Fach eine 1 erhalten. Manchmal braucht man einen Schuss vor den Bug. Viel Spaß machte ihr eine Semesterarbeit über das Verschwinden der Arnica montana in Hessen, wo ich sie auf den

Waldwegen bei Schlüchtern, bei Dillenburg, am Feldberg begleitete und Arnica fotografierte. Mein Respekt vor den Biologen wuchs. Die Studentenwohnung war der Ausgangspunkt für meinen Ferienaufenthalt in ihren Semesterferien für die Abende des Rheingau-Musikfestivals. Unvergessliche Abende auf Schloss Johannisberg mit Weltklasse-pianisten, Sängern und dem Festival mit Feuerwerk. Dazu konnte man Riesling trinken und mit dem Bus zur Studentenwohnung rollen. Dichterlesungen in der Sektkellerei Bardong mit ihrem ausgezeichneten Sekt und den darauffolgenden Aufstiegsschwierigkeiten über die Wendeltreppe.

Meine Tochter bekam eine gute Bachelornote mit dem ersten Jahrgangszeugnis der University/Hochschule Geisenheim.

Mit dem guten Notenschnitt konnte sie das Masterstudium aufnehmen, das 2 Tage in Geisenheim, 2 Tage in Wiesbaden und 1 Tag jeweils pro Woche in Frankfurt stattfand. Sie nahm es mit 2 Schwerpunkten auf: Landschaftsarchitektur mit Freiraumplanung und Stadtplanung. Stadtplanung war ein härterer Brocken, dafür brauchte sie ein Semester mehr. Der Abschluss war eine Masterarbeit über bauliche, verkehrliche und freiraumplanerische Verbesserung im Norden von Wiesbaden-Biebrich. (Mosbach-Tal.)

Die gute Abschlussnote hat dafür gesorgt, dass sie noch vor dem Studienende eine Stelle bei einem Landschaftsarchitekturbüro in Frankfurt gefunden hat. Fast zwei Jahre hat sie dort gearbeitet und dann eine Stelle beim Grünflächenamt in Frankfurt angenommen. Ich freue mich über Ihr gutes Berufsleben, auch wenn sie vorerst nur befristet angestellt ist.

Mit einer Ehefrau ist man verliebt, geliebt, verbunden und mag ihr Wesen und ihren guten Charakter und man schweißt immer mehr zusammen. Auch dass man immer wieder eingenordet wird weiss ich zu schätzen, wenn man mit Luftschlössern abhebt. Aber mit einer Tochter gibt es ein besonderes inniges Verhältnis. Man freut sich am Selbständig werden, aber man interessiert sich immer für was sie auch interessiert. Ich habe immer an ihren Hobbies teilgenommen, bin erfreut von ihren Begabungen. Etwas mehr Interesse an Politik hätte ich ihr gewünscht, und für Unterricht an Klavier oder Keyboard hätte ich mich durchsetzen müssen. Es freut mich auch, dass sie einen gutherzigen Charakter hat, was manchmal das Leben etwas schwerer macht. Besser als wäre sie hartherzig.

Der weitere Familienkreis ist etwas entfernt, ist aber auch herzlich verbunden. Ich freue mich über die jetzt groß gewordenen Patenkinder. Alle Großeltern sind verstorben, und mit Erstaunen sehe ich, dass ich der Familienälteste bin.

Bis zum 70. Lebensjahr war ich leidlich gesund, aber dann begannen Krisenjahre und ich bin dankbar für den Rückhalt von Frau und Tochter.

Kapitel 12: Firmenwechsel und nun fest am Schreibtisch

Als ich in die Datenverarbeitung der Versicherung in Oberursel eintrat, fühlte ich mich in ein Museum versetzt. Dort wurde vor 25 Jahren noch mit Lochkartenstapeln und dem Vorgängerbetriebssystem BS1000 der Firma Siemens gearbeitet. Und mit der Programmiersprache Assembler, ein ziemlich detailliertes, hardwarenahes Programmieren mit Registern und auf Lochkarten gestanzten Programmzeilen, aber auch mit Cobol, einer mehr finanztechnischen Programmiersprache. Ich wurde zuerst als Springer eingesetzt, bei der Lebensversicherung mit der Aktualisierung von Verträgen, bei der Sachversicherung mit Datenbankänderungen. Ich hatte es mit einem großherzigen Leiter der Datenverarbeitung zu tun, der das Talent hatte einen wunden Punkt zu riechen. Er machte einen sportlichen Eindruck und erinnerte mich an einen fairen Tennisspieler.

Nachdem ich mit mündlichen Aufgabenstellungen meines unmittelbaren Vorgesetzten schlechte Erfahrungen gemacht hatte (da haben sie mich falsch verstanden, das war doch selbstverständlich, das war noch nicht alles) habe ich die Aufgabenstellungen schriftlich fixiert und sie mir bestätigen lassen. (Echoprüfung). Das erzieht beide Seiten zur Präzision. Andererseits ist mir passiert, als er den Klaviertest auf meiner Bildschirmmaske machte (blindes Hereintippen), dass das Programm sofort abstürzte. Ein Beispiel für seine gute Nase.

Mein zweithöchster Chef hatte ein Elefantengedächtnis. Niemals ist ihm etwas entfallen, stets hat er etwas wiedergefunden. Verpönt war das Trinken von Alkohol, ein Kollege hat uns öfter ein Cola mit Schuss Rum spendiert. Der Chef kam vorbei, griff sich ein Glas, kostete, aber der Rum war noch nicht eingefüllt. So hat sich sein Verdacht nicht bestätigt. Wie tragisch, dass gerade dieser humorvolle Mensch am Ende mit Demenz zu kämpfen hatte.

Ich habe meine Arbeit anscheinend gut gemacht, denn ich wurde speziell für Gehaltsabrechnungsprogramme abgestellt. Ich hatte noch einen

Kollegen als Senior und Vorgesetzten, er hat mich aber voll für die Umstellung eines eigenen Programms auf das von einer Rückversicherung empfohlene eingesetzt, eine Standardsoftware. Kerne unseres alten Programms stammten von dieser Rückversicherung. Diese stellte selbst um gleichzeitig von BS1000 auf BS2000, einem Betriebssystem das ich gut kannte, und weg von der Lochkartenverarbeitung. Dem folgten wir nach und zu meinem Erstaunen war das Datenübernahmeprogramm, das ich geschrieben habe, nach dem 2. Anlauf fehlerfrei. Deshalb kannte ich das Programm PAISY von Anfang an.

Wir arbeiteten eng mit der Personalabteilung und der Gehaltsabrechnung zusammen. Vertrauensvoll erinnere ich mich an den Prokuristen Herrn Raub, der ein Finanzgenie und Kopfrechner war und die Firma kreuz und quer kannte. Auch menschlich war Herr Raub ein edler Charakter und seine Frau warmherzig. Meine Chefs in der Datenverarbeitung wechselten, ich blieb. Als einer der Chefs meinte, wir wären nicht ausgelastet und müssten die zentrale Zugiffs-Verschlüsselung aller Programme des Hauses übernehmen, bezweifelten wir das und da stieg mein Vorgesetzter aus und wechselte in die Gehaltsabteilung. So blieb ich übrig und holte mir einen guten Programmierer hinzu. Irgendwann wurde er mir weggenommen, zu gut für mich und unseren Bereich, und ich bekam eine Halbtagsprogrammiererin mit Haaren auf den Zähnen. Bei ihr machte ich den Fehler, ihr viel freie Leine zu geben und musste nach ihrem Weggang viele versteckte Fehler finden und beheben. Leider war der Spargedanke in unserer Firma immer Hauptthema und man dachte nicht an die Risiken, die zu wenig Personal bei Krankheit oder Urlaub bedeuten. Bei jeder Tagung oder Seminar bekam ich einen Anruf mit einem Problem, das natürlich dann auftaucht, wenn man nicht anwesend ist. Und Telefondiagnosen führen zu Notbehelfen. Aber Sparen ist immer ein Thema in der Verwaltung, das verstehe ich.

Bei der Produktion arbeitete ich mit einer tüchtigen Kollegin und Betriebsrätin zusammen, die die nötige Akkuratesse in der täglichen Arbeit wie die Überweisung der Gehälter und die Arbeitsvorbereitung und

-Durchführung hatte. Ich war dafür etwas zu wenig penibel und wenig geübt. Wenn sie in Urlaub war, war ich im Stress.

Ich erinnere mich, dass ich einmal beim Schneiden der Gehaltszettel alle Formulare angefangen von den Vorständen in der Mitte zerhackt habe. Ich konnte die Maschine nicht bremsen. Die Vorlaufmuster waren richtig, dann lief die Maschine los und war nicht anzuhalten.

Ich erinnere mich, dass ich mein weißes Hemd an der Druckerkette mit allen Druckbuchstaben gestempelt hatte. Ich hatte mich lässig bei aufgeklapptem Drucker dagegen gelehnt. Ich erinnere mich wie ein Mitarbeiter beim Umstellen eines Druckers in den gerade geöffneten doppelten Boden des Raums gefallen war und plötzlich vor meinen Augen weg war. Dann kam ein Kopf heraus, der sagte: Nix passiert. Ich erinnere mich, dass ich einen Lochstreifen zur Druckersteuerung hinter den Sensor statt vor den Sensor gelegt hatte. Die Fehlersuche dauerte und der Arbeitskollege hat schrecklich gelacht.

Einer meiner Vorgänger hatte den Fehler begangen, einen kapitalen Fehler bei den Gehaltsüberweisungen zu machen, nämlich eine Kommaverschiebung bei allen Mitarbeitern zu unseren Lasten. Das kostete ihn seine Position. Das war ein Signal für höchste Genauigkeit beim Testen und für Probeläufe. Vorbei war die Nonchalance und der Respekt für gute Arbeit begann für mich. Gutes Lob dafür bekommt man selten, aber man fürchtet sich vor durchschlagenden Pannen. Für mich war dies die Lehre, viel Zeit in Tests und Excel-Tabellen zur Parameterüberwachung und Tabellen für Speicherverbrauch und Druck-Material und Dateigrößenzuwachs von Monat zu Monat zu führen. Ich machte mir Diagramme für Schnittstellen und Abläufe. Das Denken im Voraus erspart viele Probleme. Ich machte auch die Erfahrung, dass die Vorgesetzten keine Probleme lieben, sondern es ist besser mit ihnen zu sprechen, wenn man Lösungen hat. Es machte Aufwand, ein Produktionssystem, ein Testsystem für die Fachabteilung (denn die musste manchmal auch Fälle durchspielen), und ein Entwicklungssystem parallel zu führen, weil viele Wartungen anfangs nicht fehlerfrei waren.

Am schlimmsten ist, wenn ein Fehler erst in der Produktion erkannt wurde. Das sicherte mir aber 25 Jahre lang meine Stelle.

Auch war die vertrauensvolle Zusammenarbeit mit der Fachabteilung wichtig. Erstens waren es allesamt verschiedene, aber menschlich zugängliche Persönlichkeiten. Einer kannte alles in der Firma und erkannte damit Unplausibles. Ein anderer kannte alle Besonderheiten und war zuverlässig beim Testen. Eine mir liebste Mitarbeiterin war perfekt in Buchführung und ich hatte volles Vertrauen, was ins Soll und ins Haben gehört, was Ausgleichsbuchungen sind, und wir suchten gemeinsam die Ursache für Differenzen zwischen Soll und Haben. Dass man sich allmählich kennt und versteht machte auch den Spaß an der Arbeit aus. Ein externer Berater kannte die Lösungen aus anderen Firmen und ersparte uns Geld, obwohl er selbst teuer war. Auch menschlich passten wir und die Fachabteilung gut zusammen. Ich erinnere mich, dass der Berater mit mir über Weihnachten die neuen Steueränderungen und die Zeitwirtschaft testeten, wo ich allmählich in den Zustand der totalen Übermüdung und Phantasielosigkeit geriet und er immer noch durchhielt. Da gab es kein Zeitlimit von 10 Stunden mehr.

Oftmals habe ich vorgeschriebene Laufwege nicht eingehalten, sondern mich an mir bekannte Personen gewandt, die mir erfahrungsgemäß helfen konnten. Das brachte meine Kollegin zur Verzweiflung, weil sie die Verantwortung bei anderen sah, aber nicht, dass es letztlich an uns und bei mir hängenbleibt. Vor allem anderen ist wichtig, dass das System in möglichst kurzer Zeit wieder fehlerfrei läuft. Dazu gehört, dass man vorher ein Sicherungskonzept betreibt und in der Krisensituation nicht die Nerven verliert. Einen Plan B zu haben ist auch hilfreich. Ein Kollege verschwand bei diesen Krisen sehr lange auf die Toilette. Da bei vielen Fehlern Zeitdruck auftrat, ersparte ich mir das Probieren von Ratschlägen von Neulingen und setzte auf Beratung mit Erfahrung. Auch baute ich Netzwerke mit anderen Firmen auf, mit Kollegen in ähnlicher Position. Man traf sich auf Kongressen, Schulungen, gründete eine Arbeitsgruppe im Raum Rhein-Main und unterstützte und warnte sich gegenseitig vor

Problemen. Erfahrungsaustausch ist ein Geben und Nehmen; allerdings muss man sich die Freiräume in der Firma erkämpfen. Dies bewahrte mich aber nicht davor, dass unsere Gehaltsabrechnung technisch und produktiv letztendlich outgesourced wurde. Damit ging auch viel internes Wissen verloren und muss nun eingekauft werden. Andererseits wurde auch das Risiko bei Krankheiten oder Ausfällen bei geringem Personaleinsatz ausgelagert. Und es machten ja auch andere Firmen im nahen Umkreis auch so. Dies ist eine wirtschaftliche und eine unternehmenspolitische Entscheidung. Mit einem lachenden und einem weinenden Auge wurde ich in den Vorruhestand verabschiedet.

Erstaunt war ich an den Verschleiß von Vorgesetzten, denn wir Fußvolk und Ingenieure blieben. Als Produktmanager zählte ich mich nur als halben Vorgesetzten, weil ich keine Personalverantwortung hatte. Zweimal habe ich erlebt, dass nach meinem Gespräch mit dem Chef am Nachmittag ihm am nächsten Tag gekündigt wurde. Das kannte ich nur von meiner ehemaligen amerikanischen Firma. Ich schwöre, ich hatte nichts damit zu tun. Aber ein seltsamer Zufall ist das schon. Aber ich habe bemerkt, dass er an diesem Tag in schlechter Stimmung war. Mit meinen ehemaligen Arbeitskollegen habe ich ein gutes Verhältnis, wir treffen uns noch regelmäßig. Da kommen auch viele Erinnerungen hoch, das würde aber zu weit führen.

Kapitel 13: O holde Kunst

(An die Musik: Franz Schreiber ; Franz Schubert)

Du holde Kunst, in wieviel grauen Stunden,
wo mich des Lebens wilder Kreis umstrickt,
hast du mein Herz zu warmer Lieb entzunden,
hast mich in eine bessre Welt entrückt.

Oft hat ein Seufzer, deiner Harf entflossen,
ein süßer, heiliger Akkord von Dir
den Himmel bessrer Zeiten mir erschlossen
Du holde Kunst, ich danke Dir dafür!

Ein Leben ohne Mops ist möglich, aber sinnlos, stammt von Loriot.
Genauso kann ich es über die Musik sagen. Bei einem Vortrag über Filme
im Siesmayersaal im Palmengarten in Zusammenhang mit Gärten fiel der
Ton aus. Sofort hat man bemerkt, dass die Stimmung fehlte. Was wären
Filme wie Der Tod in Venedig, oder Dr. Schiwago, oder Vom Winde
verweht ohne die dazugehörige Filmmusik? In diesem Fall wo es um eine
Hinrichtung im Nymphenburger Schlosspark ging (mit Kirk Douglas) war es
genau umgekehrt. Es war so bedrückend, dass Zuschauer den Saal
verließen, weil es unerträglich wurde.

Mit Musik kam ich schon als Kind in Berührung mit Kinderliedern, als
Jugendlicher beim Musikunterricht oder privatem Flötenunterricht, beim
Posaunenchor mit geistlicher Musik, bei den ersten Schallplatten meines
Vaters (Heinzelmännchens Wachtparade), Operetten, Oper, Chormusik.

Beim Musikunterricht im Gymnasium lernt man Theorie und historische
Zusammenhänge, Musikepochen kennen. Später lernt man zu begreifen,
dass man kein Musiker wird, weil es an Begabung fehlt, aber die Freude

am Musizieren (eher stümpern) bleibt, ich liebe die Oper, Konzerte, Liederabende und ganz einfach Musik am Radio. Meine Musiklehrerin erläuterte den Unterschied zwischen Genie und genialisch (ich). Bei den Blechbläsern gehört dazu tägliches Üben, damit die Tonbildung sicher ist, bei Keyboard/Heimorgel damit man sich die Tastatur blind aneignet und auch mechanisches Üben.

Ein Vorbild ist auch Roger Willemsen, der ausgehend von der Stille zu seinen Lebensgefühlen Musik, die ihn beeindruckt, schildert. Musik, wenn der Faschingszug kommt, hin zu Jazz als klassische Musik des 20.Jahrhunderts. So tief kann ich nicht in den Jazz einsteigen, aber ich kann mich an einen Jazzkeller in Stuttgart erinnern, wo Dixieland gespielt wurde und der Mann am Klavier der Specht genannt wurde. Diese rauchige Musikatmosphäre mit der improvisierten Musik habe ich noch auf einer Schallplatte als Konserve. Aber auch über Klassik wusste Roger Willemsen viel, für Musikliebhaber ist sein Buch über Musik mit seinen Helden und Heldinnen ein Muss.

Aber Musik kann man sich nicht über Bücher erlesen, höchstens etwas über Musiktheorie lernen oder über das Leben und die Zeitläufte der Musiker erfahren, um sie besser zu verstehen oder mehr über sie zu wissen. Musik muss man hören, spielen, in der Oper sehen und hören, seine Ohren und sein Herz öffnen. Deshalb ist Musik auch etwas individuelles, jeder hat sein eigenes Repertoire und seine Vorlieben. Musik ist auch so interpretierfähig, jeder hört seine eigene Musik. Musik lässt Gefühle anklingen, von sensiblem Schubert bis zu Beethoven, dem Klavierzertrümmerer.

Die Perlen in der Musik waren für mich die Opern in Stuttgart, Turandot als erstes Opernerlebnis überhaupt mit meiner Schulklasse. Zum ersten Mal habe ich bemerkt, welche Gefühle in der Oper erweckt werden. Fliegender Holländer, der erste Kontakt mit Richard Wagner, den man sich wie Karl May bei den Romanen wie im Rausch einverleiben muss. Den ganzen Ring-Zyklus in Stuttgart, mit der verwirrenden Handlung, den Längen, mit genialer Musik immer wieder durchsetzt. Mit den damals besten Sängern und einem guten Dirigenten, einem guten Chor, einer guten Inszenierung und einem grandiosen Orchester. Und natürlich mit jungen, aufgeschlossenen Ohren. Auch den fliegenden Holländer mit romantischem Bühnenbild und mächtigem Chor.

Beim Posaunenchor lernt man durch hartnäckiges Üben ein harmonisches Zusammenklingen mit anderen Instrumenten und Stimmlagen. Und gemeinsame Freude am Musizieren und das Erlebnis in einem Konzert oder bei einem sonntäglichen Gottesdienst. Aber man spielt auch fröhliche Volkslieder mal so zwischendrin oder Weihnachtslieder im Krankenhaus oder beim Altennachmittag.

Ein weiteres Erlebnis war Mozart in der Semperoper, mit einer perfekten Aufführung von Figaros Hochzeit. Es ist ein intensiveres Erleben live in der Oper, das Vorspiel, der Vorhang öffnet sich, die Sänger in den Kostümen, eine Welt öffnet sich. In der Pause Unterhaltung mit dem Blick über Dresden an einem lauen Sommerabend, am Schluss der Applaus und der Vorhang. Ach – Mozart.

Bei dem Film Odyssee 2000 eröffnete sich mir der Horizont mit moderner Musik, Ligeti, aber auch Gustav Mahler mit seinem adagietto. In Frankfurt gab es auch moderne Aufführungen in der Oper, die mir erstmal fremd waren, aber man lernt auch sein Herz dafür zu öffnen. Aber auch leichte Opern wie Hänsel und Gretel (zusammen mit meiner Tochter), der Freischütz, die Zauberflöte. Von Weill die Dreigroschenoper.

Die Gelegenheiten beim Rheingau-Musik-Festival, mit besten Künstlern in meist vollbesetzten Sälen mit bevorzugt älterem Publikum. Mit dem man aber auch leicht in Kontakt kommt, denn man teilt ja diese Vorlieben. Ein Gespräch mit einem schottischen Paar im Vorhof ließ mich begreifen, dass Musik international ist. Ich erinnere mich an viele Liederabende, wo mich fast immer einige Lieder oder Klavierstücke zutiefst berührt haben – und dies führt immer wieder zur Hoffnung und Freude auf künftige Erlebnisse. Es waren so viele, dass ich niemanden hervorheben will. Das Sommerkonzert auf Schloss Vollrads, bei Sonnenschein und bei

Regenschauern mit einer bezaubernden Gipsy-Jazzband mit ulkigen und engagierten Musikern. Und man trifft dort auch unverhofft Arbeitskollegen, Nachbarn oder den Konditor vom Café in Geisenheim. Auch unvergesslich das Ballett Giselle auf Ischia in einem Freilufttheater in einem Pinienhain (Pineta) zusammen mit einer Tänzerin die zur Kur wegen ihrer Gelenke im Hotel war und gern diese Aufführung besuchen wollte. Ein wunderbarer Abend, mit allerprächtigstem Sonnenuntergang, ich habe es nicht bereut.

In der alten Oper in Frankfurt hatte ich ähnliche Erlebnisse, ich erinnere mich an Klavierkonzerte mit Anschlag im pianissimo, bei vollkommen stillem Publikum, man hörte sein eigenes Herz klopfen. Ein Liederabend mit Dietrich Fischer-Diskau bleibt in Erinnerung, auch ein brasilianischer Pianist. Und in Oberursel gab es die Chopiniade mit jungen, hervorragenden Pianistinnen und Pianisten. Und immer die zu Tränen rührenden Momente, wo man glaubt, es geht nicht mehr schöner.

Ich bewundere immer die Rezensenten in der Frankfurter Rundschau, die so viel mehr wissen als ich. Auch wenn sie ganz andere Sichtweisen haben. Manchmal glaubte ich, sie waren nicht in meinem Konzert.

Die Theorie der Schönheit von Ernst Bloch leuchtet mir ein. Erstmal in seinem Band Spuren mit seinen angerissenen Geschichten, dann sein Hauptwerk Das Prinzip Hoffnung. Im Kapitel Dargestellte Wunschlandschaft in Malerei, Oper und Dichtung skizziert er Utopien. Ein weiteres Kapitel beschäftigt sich wieder intensiv mit Überschreitung und intensitätreichste Menschwelt in der Musik.
Wunschbilder im erfüllten Augenblick. Das Schöne ist das Streben nach Unendlichkeit, nach Ewigkeit, Transzendieren nach Vollkommenheit. Das Vorscheinen des Ideals, niemals erreicht, aber zum Weg dahin.

Aber im alltäglichen Leben gibt es die Vorstellung einer neuen CD, die LP's aus dem Keller, gesammelte Musik auf dem ipod, die Noten im Bücherschrank, mit Songs, Volksliedern, Spirituals, Klavierstücken, Noten von Schlagern oder Seemannsliedern, die 3 Bände von Schuberts Liedern, zu schwer für mich zu spielen, aber als Begleitung zu seinen sämtlichen Kunstliedern auf CD. Und natürlich die CD von Bachs Matthäuspassion und die H-Moll-Messe. Seine Kantaten und die Orgelwerke. Die Kantate „Ich will den Heiland selbst begraben." Und immer wieder ein Ohrwurm, den man nur mit einem neuen Ohrwurm aus dem Kopf vertreiben kann. (Highland Cathedral).

Wie gut, dass ich eine hervorragende Stereoanlage habe, nun auch über 25 Jahre alt. Und traditionell höre ich das Neujahrskonzert der Wiener Philharmoniker, anrührend und es gehört einfach zum Neujahr, auch wenn ich zu Hause der einzige Zuschauer bin. Da habe ich meine Narrenfreiheit.

In der Stille hört man nur seinen eigenen Tinnitus.

Eine andere Sparte der Kunst ist die Malerei oder besser gesagt das Sehen, wozu ich auch den Film zähle. Anders als im Theater ermöglicht er das Subjektive Sehen mit den Augen eines Anderen, des Regisseurs und natürlich mit den wirtschaftlichen Interessen der Produktion. Frankfurt hat ein wunderbares Filmmuseum. Auch das Fotografieren ist das subjektive Sehen der Welt, der Menschen, der Natur mit den Augen einer Kamera, aber auch mit den Augen und der Motivation des Fotografen dahinter.

In Bezug auf Malerei kommt immer die Motivation von anderen und der eigenen Neugier. Ich erinnere mich an Madrid, den Prado, und den eindringlichen Bildern von Goya, aber auch die decouvrierende Dummheit der Majestäten, die sie selbst nicht bemerkt haben. Die Schrecken des Krieges.

Gesehen sollte man auch den Dogenpalast in Venedig und die Accademia. Die großformatigen Bilder imponieren mit Ansichten von Venedig und historischen Ereignissen. Tiepolo, Canaletto, auch jede Kirche ein Erlebnis. Die wunderbaren Farben. Bei meinem Aufenthalt in München konnte ich die Pinakothek durchschreiten. In Dresden „Alte Meister". In London die National Gallery mit Bildern von Turner. In Berlin gibt es die

Museumsinsel, bei einem Kongressbesuch habe die Galerie staatliche Museen besichtigen können und noch einige andere Museen. In Murnau gibt es ein Museum, wo man Bilder von Franz Marc und dem Blauen Reiter sieht. In der Kunsthalle Hamburg findet man Bilder von Caspar David Friedrich. Im Museum Ludwig in Köln gibt es mittelalterliche Kunst, aber auch Modernes wie Andy Warhol oder Roy Liechtenstein.

In Stuttgart gab es die Staatsgalerie, wo man einige Stunden verbringen konnte, bis einem der Kopf rauchte und man vieles schon wieder vergessen hatte, bei Picasso oder Oskar Schlemmer. In Frankfurt das Städelsche Kunstinstitut, meine Hausgalerie mit seinen berühmten Ausstellungen, wo man 50 m Schlange am Einlass steht. In Karlsruhe in der Galerie, damals eine Picasso-Ausstellung. (Übrigens auch in Stuttgart). In Mannheim die Kunsthalle. Die Eremitage in St.Petersburg, am Ufer des Flusses Newa, damals noch Leningrad, mit den impressionistischen Bildern. Wo Katharina die Große allein mit ihren Mäusen war. (sprichwörtlich). Am Eingang eine riesige Landkarte besetzt mit Edelsteinen. In Amsterdam das Rijksmuseum mit der Nachtwache, damals wurde es gerade teilweise renoviert. Das Van-Gogh Museum das mich sehr beeindruckt hat mit einer historisch sortierten Aufhängung. In Salzburg eine riesige Gemäldegalerie, wo im Hof ein imponierender Springbrunnen steht. In Wien die Museen, z.B. Akademie der schönen Künste, ein unendlicher Schatz von Bildern. Oder das Kunsthistorische Museum. Im Albertinum erinnere mich an den Dürerschen Hasen, ein sehr kleines Bild. In Neapel das Museum Capodimonte, mit den meisterhaften Bildern und der aussichtsreichen Lage hoch über Neapel. In Paris gibt es natürlich den Louvre in dem man Tage verbringen kann. Die ägyptische Abteilung, die Mona Lisa, die für mich überraschend klein war, und die vielen Impressionisten. Aber auch viele andere Museen, aber das ist eine Aufgabe für Entdecker. In Colmar das unscheinbare Museum Unterlinden, mit dem berühmten Isenheimer Altar. In Dresden die Gemäldegalerie mit den alten Meistern, wo man sich auf den Bänken in Ruhe alles betrachten kann. Leider habe ich mich erst in einem Bildband darüber informiert, was ich alles hätte sehen können, und nicht nur bei einem vormittäglichen Gang durch die Ausstellung. Aber auch in Darmstadt im Hessischen Landesmuseum ist eine unscheinbare Ausstellung über Beuys, die man erst mit Erläuterungen richtig versteht und man sich nicht einfach über einfache Filzinstallationen wundert. In Davos gibt es auch eine eindrucksvolle Kunsthalle (Kirchner).

Beim Gang durch die Galerien kann man sich einen ersten Eindruck verschaffen, sich aber dann auf einzelne Bilder konzentrieren. Bald will man mehr darüber wissen, verschafft sich Literatur, besorgt sich den Katalog. (Wenn sie nicht immer so teuer wären). Sieht man zu viel, bekommt man Kopfschmerzen oder erinnert man sich an gar nichts mehr. Aber Bilder verschaffen dir ein inneres Abbild der Welt, schaffen Assoziationen und sprechen dich an.

Kunst, die man sieht und durch die man gehen kann ist die Gartenkunst. Natürlich muss man auch Interesse an Pflanzen und Botanik haben, das ist aber nicht von Natur aus gegeben. Ich kann mir nämlich nicht auf Dauer alle Pflanzen und Bäume merken, deshalb brauche ich Hilfsmittel und Bestimmungsbücher. Eine Hilfe ist die dggl, die deutsche Gesellschaft für Gartenkunst und Landschaftskultur. Sie bietet auch für Nichtmitglieder Vorträge und Führungen an und man lernt eine ganze Menge. Abgesehen von meiner Tochter, die Landschaftsarchitektin ist und alles systematisch kennt und einordnen kann, habe ich auch allein dadurch Interesse entwickelt und kenne nun die wichtigsten Gärten und Parks Deutschlands und einige von Europa.

Gefallen haben mir der Park Planten und Blomen in Hamburg, der Keukenhof bei Amsterdam, die Eremitage in St. Petersburg, in der Nähe des finnischen Meerbusens, die Gärten Trautmannsdorff bei Meran (bitte selbst informieren), in München der botanische Garten und Schloss Nymphenburg mit den Wassergräben und kleinen Bauten. In Mühlhausen im Elsass gibt es einen Zoo mit einem wunderschönen Garten, in dem man ausgiebig spazieren kann. Stift Melk in der Wachau hat einen schönen Barockgarten mit einem kleinen Berg. In Kassel gibt es den Park Wilhelmshöhe, eher ein englischer Landschaftsgarten. In Dresden hat

Schloss Pillnitz einen Garten an der Elbe mit einer im Winter überdachten riesigen Kamelie. In Berlin gibt es die Schlösser von Friedrich dem Großen und viele Parklandschaften. In der Nähe von Wittenberg findet man das Wörlitzer Gartenreich, ein gelebter und gebauter Traum von Arkadien. Besonders bei Sonnenuntergang macht es einen romantischen Eindruck, eine Bootsfahrt wäre sehr zu empfehlen. Ich war bei einer Führung zu Fuß unterwegs und habe beileibe nicht alles gesehen, nämlich nicht den Vulkan und nicht Oranienburg. Es gibt da ein kleines Hotel, es wäre sicher ein guter Stützpunkt. In Würzburg bei der Residenz gibt es einen schönen Barockgarten. (Ähnlich wie in Salzburg). Würzburg hat auch einen guten botanischen Garten. In Bayreuth gibt es die Eremitage, allerdings habe ich diesen eigenartigen Garten schon vor 50 Jahren zuletzt gesehen. In Schwetzingen gibt es den Schlossgarten mit der barocken und der englischen Ausrichtung. Schön sind auch der maurische Palast und die Gartenhäuschen oder die Pavillons. Die Insel Mainau habe ich zu verschiedenen Jahreszeiten gesehen, in der Schweiz den Park von Arenenberg. In Hannover Herrnhausen gibt es den prachtvollen Barockgarten, aber auch den Berggarten. In Aschaffenburg gibt es das Pompejanum mit einem kleinen Park, aber in besonderem Maße der Park Schönbusch mit seinen Aussichten auf kleine Pavillons, den riesigen Irrgarten, die Bäume und Brückchen. Schloss Wolfsgarten bei Langen wird nur zweimal im Jahr geöffnet, hat aber riesige Rhododendren, ein Jugendstilschwimmbad, schöne Spazierwege, ein Puppenkinderhaus in Andenken an die verunglückte Familie. In Mannheim gibt es den Luisenpark, in dem man schön promenieren kann oder auch eine Bootsfahrt unternehmen, und der Park ist eine wirkliche Überraschung und sehenswert. Und in Wiesbaden-Biebrich gibt es auch einen schönen englischen Schlossgarten mit barocken Anklängen und vielen Nymphensittichen in den alten Bäumen. In Weihenstephan gibt es einen Sichtungsgarten mit sehenswerten Pflanzungen, den meine Frau besonders liebt. Anschließend kann man sich ja im Biergarten der Brauerei etwas stärken. Und natürlich gibt es auch Weinheim an der Bergstraße mit dem Hermannshof, der von Prof. Cassian Schmidt betreut wird. Er ist in jeder Jahreszeit sehenswert, mit den vielseitigen Präriestauden und den vielen Blumenbeeten. In Weinheim ist nicht weit davon das Arboretum mit Mammutbäumen, die im trockenen Sommer von der Feuerwehr bewässert werden mussten. Ich empfehle die mittlere ausgeschilderte Tour.

In der Nähe von Schlüchtern befindet sich das Schloß Ramholz, etwas schwierig zu erreichen. Im Mixstil des Historismus gebaut hat es einen schönen englischen Park, der leider etwas vernachlässigt wurde aufgrund wirtschaftlicher Schwierigkeiten des ehemaligen Besitzers. Aber er hat immer noch einen Charme in jeder Jahreszeit, früher gab es ein reizendes Schlosscafé. In der Nähe gibt es auch die Burg des Ulrich von Hutten. Früher hat sich Dr. Dorn, der ehemalige und liebenswerte Landschaftsarchitekt aus Frankfurt, um das Parkpflegewerk gekümmert. Er war für meine Tochter ein bewunderswerter Arbeitgeber und Vorbild. Seine Kontakte mit dem Landschaftsarchitekten Burle-Marx aus Brasilien, einem Diavortrag darüber, seine internationalen Beziehungen und seine Vorliebe für Cottage-Gärten, insbesondere seinem eigenen bei Schlüchtern haben uns bereichert. Auch an seine schüchterne, liebevolle und aufmerksame Art haben wir uns bei seiner Beerdigung erinnert.

In Oberbayern in der Nähe von Garmisch befindet sich das Märchenschloss am Schachen, von außen eine Berghütte oder Scheune, innen ein maurischer Salon mit Pfauenfedern, in dem Ludwig II. seine Träume vom Orient nachspielte. Aber davor gibt es den botanischen Garten, eine Außenstelle des Botanischen Gartens von München mit den Alpenpflanzen, die in dieser Höhe wachsen. Meine Frau liebt diesen botanischen Garten und die Gespräche mit den Biologen. Bei uns zuhause mussten wir die Erfahrung machen, dass nur wenige Alpenpflanzen mit unserem Klima zurechtkommen, nämlich Arnika (Bergwohlverleih) und blaue Enziane. Es fehlt in unserem Klima die schützende Schneedecke vor den Frühjahrsfrösten. Man benötigt eine gewisse Ausdauer für den vierstündigen Anstieg. Neben dem Schloss Schachen gibt es eine Berghütte, wo man sich mit einem Radler erfrischen kann.

In Wien gibt es die Gärten von Schloss Schönbrunn, mit dem wunderbaren Tierpark. Und über dem Brunnen der Berghang mit der Gloriette, einem Säulenbauwerk. Im Tierpark gibt es einen kleinen Pavillon in dem man traumhafte Mehlspeisen bekommt und dabei aussen die Geparden betrachten kann. Immer wieder höre und sehe ich im Fernsehen die Sommerkonzerte im Park von Schönbrunn – eine Empfehlung meines Herzens. Bei Innsbruck gibt es das Schloss Ambras mit einem kleinen schönen Park. Bei Salzburg gibt es den Schlossgarten Hellbrunn mit seinen Wasserspielen und in der Stadt Schloß Mirabell mit den barocken Gartenfiguren. Die Angabe dieser Gärten hat keinen Anspruch auf Vollständigkeit, nur bleibende Erinnerungen sind aufgeführt. Allerdings sollte man Versailles nicht vergessen, das ich mit meiner Tante besichtigt habe und einfach überwältigend ist mit seinen optischen Täuschungen, den Bosquettes, dem riesengroßen Kanal, dem kleinen Dörfchen (Hameau?)

An der Loire gibt es die Gärten von Schloss Villandry mit den geometrischen Gemüsebeeten, den Liebesgarten mit den Herzen aus Buchsbaum, und neuerdings einen schönen Teil in englischem Stil und Präriepflanzen. Nach einem kurzen Regenschauer sieht alles noch viel farbenprächtiger aus. Aber es ist ein formaler, „dressierter" Garten, der Vorgänger des naturlistischen englischen Gartenstils, wie z.B. der englische Garten in München. Im oberen Teil des Gartens wurde aber ein Staudengarten neu angelegt. Einem Gartenliebhaber geht hier das Herz über. (Besonders bei den Gärten der Liebe in Herzform).

In Hessen finde ich auch den Klostergarten von Seligenstadt sehr sehenswert mit Artischocken, Obstsorten und Kräutergarten. Donnerstags gibt es oftmals gebackenes Brot aus der Klostermühle, das eine Woche lang köstlich schmeckt. Etwas flußaufwärts gibt es ein Wasserschlösschen, das ziemlich romantisch aussieht.

Fast immer hatte ich das Glück diese Gärten bei schönstem Wetter zu sehen und möchte die Erlebnisse in meinem Leben nicht missen. Die Gärten wurden gebaut, um Prunk und Macht zu demonstrieren oder um sich Träume zu erfüllen, auch wenn sie teilweise in den finanziellen Ruin mündeten. Warum nicht an den Träumen und der intendierten Vollkommenheit, an der Schönheit teilhaben? Gerade weil es lebende Kunstwerke sind.

Zur Kunst gehört auch die Literatur. Ich bin ein sogenannter Bücherfresser und Schnellleser. Bücher und Gemälde sind auch meine persönlichen Freunde und mit mir innig verbunden. Ich bin nicht stolz darauf fast 5000 Bücher gelesen zu haben, aber ich kann nicht anders. Gibt es im Hotel eine Bibliothek oder Buchhandlungen komme ich nicht daran vorbei. Auch bei Freunde werfe ich einen Blick auf den Bücherschrank und lerne sie damit besser kennen. Und wenn man beginnt zu lesen, ist die Welt draußen nicht mehr vorhanden. Es gibt auch zähe Literatur, und wie auch bei Bildern ist ein Roman nach 30 Jahren nicht mehr derselbe. Man hat eine andere Sicht auf das Leben und man entdeckt neue Sichtweisen. Ich möchte einen kleinen Parforceritt durch die Literatur veranstalten, wie Fellini seine nächtliche Fahrt in Rom in „Roma". Aus dem Leben eines Taugenichts, der Idiot von Tolstoi, Ernst Bloch's Prinzip Hoffnung, die Kriminalromane von Fred Vargas, Goethes Faust und Dichtung und Wahrheit, etc. Aber es wird zu viel – in einem Anhang mache ich einen Auszug meiner liebsten Bücher. Auch Bücher können Freunde sein, die man nicht missen will.

Wenn man Schönheit etwas weiter fasst, gibt es auch die natürliche Schönheit von Landschaften und Städten. Die griechischen Inseln mit dem hellen Licht und ihrer Kargheit, dem klaren Wasser, der stetigen Brise, die die Sonne immer noch angenehm macht, das Donautal bei Kloster Beuron tief eingeschnitten mit seinen Kalkfelsen, die Wachau mit den Weinbergen, den schönen Orten Spitz, Melk und Dürnstein, und ähnlich der Rheingau mit einer der schönsten Aussichtspunkten bei Schloss Johannisberg, das Loiretal mit seinen 100 Schlössern und den schönen Barockgärten, die schöne Stadt Amboise mit dem Grab von Leonardo da Vinci, das Schloss mit der Aussicht über die Loire, der flache Fluss Cher bei Chennonceau mit den Silberreihern, der Ort Saumur mit der Altstadt, der

Harz mit seinen Stauseen und Bergwerken und der schönen Stadt Goslar, die Pfalz mit Speyer und der schönen Altstadt und dem Dom oder Neustadt an der Weinstraße mit der Altstadt und dem schönen Marktplatz, Oberbayern mit seinen Bergen und den Häusern mit der Lüftlmalerei, der Walchensee und die Eng mit dem Ahornboden, der Bodensee mit seiner milden Schönheit und der Stadt Lindau mit der schönen Promenade, mit den Bodenseefelchen, die so schmecken. Elsass und Vogesen mit den Weinorten Riquwihr und Barr und den kleinen Seen in den Vogesen um Gerardmer. In Gerardmer aßen wir einen Blaubeerkuchen, der dort eine Delikatesse war. Colmar mit seinen Fachwerkhäusern und der schönen französischen Patisserie. Die Küchlein wurden so kunstvoll eingepackt und schmeckten himmlisch. Die Lüneburger Heide mit ihrem Charakter, wo in Bad Bevensen ein Heidschnuckenbock sämtliche Weibchen am Futtertrog umgekegelt hat, die Nordsee mit Ebbe und Flut und zum Beispiel den Ort Büsum. Und die Schweiz mit dem Beispiel Davos und der Bergwelt. Weil der Ort so hoch liegt muss man sich morgens warm anziehen und tagsüber dann alles ablegen. Die Berge sind zwar hoch, aber da der Ort selbst hoch liegt, kommen sie einem relativ klein vor. St. Moritz ist ein kleiner mondäner Ort, aber mit einem Café mit bester Engadiner Nusstorte. Sie war zwar etwas hart, aber das gehört dazu. Das kälteste Wetter erlebte ich bei Kiel mit Nässe, eisigem Wind und abgefrorener Nase. Es war nur mit Grog zu ertragen. Bei einer Fahrt durch die Berge bei Davos haben wir uns nach Murmeltieren umgeschaut und sie fast überfahren, als sie nach einer Kurve auf der Straße saßen. Die Berge bei Meran und im Vintschgau geben ein fabelhaftes Panorama und auch das Martelltal mit seinen Erdbeeren auf Höhenlage im späten August. In Naturns nahmen wir an einer Apfelverkostung teil mit 23 Apfelsorten, die einem am Schluss aus den Ohren herauskamen. Dort wollte uns ein alter Opa weismachen, dass wir unter einer Eiche saßen, aber wir identifizierten ihn als Maulbeerbaum (siehe schwarze Beeren). Ich erinnere mich an eine Seilbahn bei Naturns, eigentlich für Lasten, bei der man die Milchkannen einladen musste und per Telefon die Bergfahrt anmelden musste. Der schöne Stausee dort im Hochgebirge im Martelltal. Die Gletscher in Sichtweite. Ich begreife, dass wir ein schönes, erfülltes Leben haben, ein Privileg.

Kapitel 14: Fazit

Das Leben geht nicht ohne Misserfolge ab. Anfangs trifft es einen schwer und ich schäme ich wegen der erst auftretenden mangelhaften Selbstbeherrschung. Wie beim Spiel „Mensch ärgere dich nicht!" können manche schlecht verlieren. Ich auch. Aber wenn man über sich selbst hinterher lachen kann, kommt man darüber hinweg, wie bei einer ersten misslungenen Fahrprüfung. Oder bei einem tölpelhaften oder gedankenlosen Benehmen oder Missgeschick mit einem umgestoßenen Trinkglas. Einem Kollegen sagte ich, er wird sich an einem Tag vor seinem Urlaub kein Bein mehr ausreißen, sofort fiel mir ein, dass er ja ein Bein bei einem Motorradunfall verloren hatte. Ich habe mich sofort entschuldigt, aber er sagte, er hatte es schon richtig verstanden. Misserfolge in der Liebe sind am bittersten. Man kann wochenlang in einem Tief versinken. Misserfolge bei der Arbeit gehören zum Leben, man kann sie auch als

Gewinn an Erfahrung buchen. Erfahrung hat immer auch den Geruch von erkannten Fehlern, aus denen man lernt.

Krankheiten kann man auch als Misserfolge sehen, wenn sie nicht einfach Schicksal sind. Aber meist haben sie eine Vorgeschichte. Teilweise liegen die Probleme in den Genen, anderseits sind es zu gutes Leben mit Fleischprodukten, zu wenig Bewegung, einseitiges Arbeiten, zu wenig Wasser trinken. Aber manchmal ist es einfach Schicksal. Trotzdem meine ich, wenn man von einer Maschine verlangen würde, dass sie 70 Jahre meist reibungslos funktioniert, bekommt man Achtung vor der Stabilität unserer Biologie.

Langeweile hat man manchmal auch, aber dafür trägt man die Schuld selbst. Wenn man vorherdenkt, kann man sich mit Lesestoff versorgen, oder über das Leben nachdenken, oder einfach die Umwelt beobachten. Je älter man wird, desto schneller scheint die Zeit vorüberzugehen. Als Rentner hat man die wenigste Zeit. Aber manchmal langweilt man sich im Leben, in manchen Schulstunden, über manches im Studium, was einem unnötig erscheint. Manchmal langweilt man sich, weil man das alles schon mal gehört hat. Manche Bücher haben Längen, die man überblättert.

Über Schönheit kann man lange philosophieren, ich halte mich da an Ernst Bloch und das Prinzip Hoffnung. Wenn man ein Ideal erkennen kann und das Kunstwerk transzendiert dahin, dann halte ich es für schön. Man weiß es, wenn es einen im Innersten berührt und man den Eindruck bekommt, man habe einen Schritt nach vorn gemacht. Aber auch wenn die Sinne angesprochen werden, erinnert man sich lange und intensiv.

Ich erinnere mich an die Gerüche und Geräusche der Dampflokomotiven, das erste schnelle Vorankommen. Ich mag den Geruch von Putz in Abbruchhäusern. Ich erinnere mich an den Geruch frischen Brotes von meiner Jugend und bis heute. Ich rieche gern an Blumen, besonders an Rosen. Ich liebe die Heimeligkeit des Elsass, Störche, Weindörfer, Vogesenbauernhöfe. Ich liebe die kargen griechischen Inseln mit der

Klarheit des Wassers, dem hellen Licht und der freundlichen und fröhlichen Menschen. Ich erinnere mich an die gegrillten Kalamares auf Tinos, die venezianischen Taubenhäuser, die Insel Mykonos. Ich erinnere mich an die steinernen Löwen auf Delos, die Steintreppen. Ich erinnere mich an den Duft von Mehlspeisen aus einem Lokal in Dürnstein an der Wachau, an die Fahrten auf der Donau nach Stift Melk mit dem Ideal eines Barockklosters und eines schönen Barockgartens. Ich liebe die Gartenkunst, in Schwetzingen, Peterhof, Versailles, Wörlitzer Gartenreich, den Sichtungsgarten in Weihenstephan mit seinen schönen Stauden, und wo auch immer, von der Alhambra bis zu den Rhododendren von Bremen oder Schloss Wolfsgarten. Ich liebe die Landschaft und die Schlösser der Loire, die Barockgärten, ich möchte gern wieder in die Stadt Tours, ich liebe die Schlossgärten an der Loire. Der Wein von der Loire schmeckt dort am besten. Ich erinnere mich an die Schifffahrt auf der Cher bei Chennoncaux mit dem flachen Wasser und den Silberreihern. Ich interessiere mich für Klöster und Kreuzgänge, ich liebe den Rheingau.

Ich liebe den Heurigen in Wien. Es wird a Wein sein, und wir wern nimmer sein. Ich erinnere mich an die Verliebtheit, an die Schönheiten des Familienlebens. An das Aufwachsen mit dem Kind, dessen Selbständig werden.

Ich liebe das Wandern und das Fahrradfahren, und ich liebe auch mein Pedelec. Seitdem ich meinen Puls nicht mehr so hochtreiben darf, ist es neben dem Reichweitengewinn auch eine medizinische Hilfe. Allmählich liebe ich auch das Fitnessstudio, weil ich meine Rücken stärke und auch eine Gemäldegalerie oder Museum physisch besser überstehe.

Ich liebe die Musik, auch wenn ich selbst nicht genug musiziere. Meine eigene Stimme ist nicht gut, zu rau, deshalb musste ich mir das Spielen von Instrumenten aneignen. Blechblasinstrumente brauchen viel Übung zum Intonieren, Tasteninstrumente brauchen viel Übung, Kombinationsgabe, Komplexität und Geschicklichkeit und Konzentration mit linker und rechter Hand. Dafür ist der Ton schon fertig. Ein Freund war Organist. Ich bewundere ihn und die dreifache Schizophrenie, linke und rechte Hand und dann noch die Pedale. Meine Musiklehrerin sagte mir mal, ich sei genialisch, leider kein Genie. Fehlerfrei kann ich nicht spielen. Und bei Musik mache ich meinem Namen Ehre. Viele Musikstücke von Bach bis Wagner berühren mich innerlich sehr stark und rühren mich auch zu Tränen. Deshalb gehe ich gern allein in die Oper, wo ich geniert und unidentifiziert meine Tränen verdrücken kann. Auch bei Schuberts schöner Müllerin bin ich derjenige, der zuletzt tot im Bach liegt und ich beweine mich eigentlich selbst.

Ins Theater gehe ich zu wenig, aber ich erinnere mich an ein beeindruckendes Stück am Deutschen Theater in Hamburg aus dem Bauernkrieg. Mit Schauspielern im Publikum. Ich liebe die Frankfurter Rundschau und Sylvia Staudte und alle Musikkritiker(innen) mit ihrer Belesenheit, dem Wissen und der Treffsicherheit des Urteils. Es ist mir unverständlich, wenn junge Leute ohne Zeitung auskommen.

Überhaupt wird zu wenig gelesen. Ich lese zum Teil aus reiner Neugier. Ich lese, wenn Geschichten mich mitreißen. Ich lese, wenn das Fernsehprogramm mich anödet. Ich lese mit dem ebook-Reader im Wartezimmer. Wenn ich im Krankenhaus liege, lese ich. (Wenn man nicht das Ladegerät vergessen hat.) Ich lese Zeitschriften auf dem Ipad. Ich google auf dem Smartphone oder auf dem Ipad. Ich bilde mir auf meine Belesenheit nichts ein, aber ich freue mich, wenn ich auf andere Belesene stoße, die eine ganz andere Sicht haben. Ich verlasse mich auf meinen eigenen Eindruck, erweitere aber gern meinen Horizont. Ich denke jedes Lesen und Erleben verändert und erweitert das Bild, das man sich von der Welt macht. Ich möchte auch im Alter kein alter Hund sein, der nichts mehr dazulernt. Ich bin nicht stolz darauf, dass ich viel mehr als 4000 Bücher gelesen habe und in der Wohnung ist Platznot für Bücher. Es musste sein, weil sie auch meine Freunde sind, Dostojewski, Günther Grass, Tolstoi, große und kleine Literatur, Kriminalromane aus dem Pferdesportmilieu, eine Taschenbuchgalerie von Krimis, Sachbücher, Reiseführer, Naturkunde, Gartenbücher, und was es nicht alles gibt. Ich sehe auch die Gefahr, dass dies Lebenszeit des aktiven Lebens frisst, man zu wenig mit wirklichen Menschen agiert. Man sich nicht engagiert. Dann muss man sich wieder zügeln. Aber wenn jemand nur 4 Bücher oder sogar weniger im Jahr liest, dann sage ich „Herzliches Beileid". Auch als Ingenieur ist man stets neugierig, oder interessiert, das gehört einfach zum Berufsbild. Bei einer Busreise habe ich eine Lehrerin aus unserem Gymnasium kennengelernt und staunte wie belesen sie war. Wir stellten fest, dass wir gerade das selbe Buch gelesen hatten, eine Tragödie eines Selbstverwirklichers in der kanadischen Wildnis. Es ist eine Freude, Leute zu kennen, die auf der gleichen Wellenlänge sind.

Bilder in Gemäldegalerien sind auch meine Freunde und Lebensgenossen. Mit den Augen anderer zu sehen, Schönheit zu entdecken, in der Eremitage in St. Petersburg, im Prado, in Zagreb mit der zweistufigen Altstadt, in Dresden, in Salzburg (mit den Lokalen, wo nach dem Essen die Köche wie Orgelpfeifen am großen Tisch sitzend selbst gespeist haben) mit der wunderschönen Gemäldegalerie (und das Café Tomaselli) oder Venedig mit seinen Kunstschätzen oder Wien mit all seinen Museen, die Albertina, immer zieht es mich zu den alten Meistern. Ich freue mich, dass wir in Frankfurt das Städel so nah haben. Aber zuerst mussten mir die Augen geöffnet werden, und das verdanke ich meinen ersten Freundinnen. Da bleibt etwas Ewiges zurück.

Ich fotografiere auch gern mit meiner Spiegelreflexkamera und habe mich darüber gefreut, dass ein Foto in einem Kalender der Stadt veröffentlicht wurde. Im Laufe des Lebens wird man vom Knipser zum Fotografen, weil man von Gemälden lernt, sich über triviale Fotos langweilt, und man zum Denken herausgefordert wird. („Die ersten 1000 Fotos sind schlecht.") Aber trotzdem kenne ich jemanden aus meiner Familie, die ein noch besseres fotografisches Auge hat. Fotos sind ein Teil von einem persönlichen Gedächtnis, wenn man sie zeigt, fällt einem so vieles ein. Unser Gedächtnis ist ein Phänomen, ein Wunderwerk des Verborgenen.

Ich liebe auch Eindrücke wie das Städtchen Glurns im Vintschgau mit der mittelalterlichen Anmutung, den tiefen Bogengängen und den uralten Stadtmauern, ich liebe das Klima und das Wetter in Südtirol. Ich liebe die dortige Gastlichkeit und den Dialekt. Ich war erstaunt über eine alte Zimmerwirtin in Naturns, die mir im Mühle- oder Dame-Spiel über war, wobei ich doch eigentlich nicht schlecht spiele. Ich liebe die Wachau, ich liebe den Wienerwald mit dem Stift Heiligenkreuz mit dem dortigen Glockenklang. Paris kann man niemals genug besuchen, oder Wien, oder Amsterdam, oder Berlin oder Dresden. So viele schöne Erinnerungen, zum Beispiel die Hochzeit des Figaro in der Semperoper und die dortige Sicht von der Terrasse auf das nächtliche Dresden. Oder Pillnitz mit dem Garten. Und ich könnte noch immer mehr aufzählen.

Ich liebe gutes Essen wie zum Beispiel im Hofgassl in Rust am Neusiedlersee. Das Aroma von frischem Brot, die einzelnen Gänge, der trockene gelbe Muskateller. Die freundlichen Kellner, die gute Beratung.Der Nachtisch. Oder im Elsass die gebackene Forelle mit Mandeln in der Winstub. Die Weinstube war von einem ehemaligen Mathematikprofessor aus Straßburg geführt. Oder im Hotel Panhans am Semmering in traumhafter Lage mit seiner berühmten Torte mit mehreren Schichten. Das Café Zauner in Bad Ischl mit einem Universum von Torten und Mehlspeisen. Das Essen in einem urigen Gartenlokal in Baden bei Wien im Helenental mit dem besten gegrillten Fisch und dem Heurigen. Das Essen im Schenna im Hotel morgens mit dem Vintschger Brot. Die Weine in Südtirol, sogar der Muskateller. Einmal entdeckten wir am letzten Tag des Urlaubs in Mittenwald eine traumhafte Osteria. Mit Schinken aus einer mächtigen Schneidemaschine, und italienischen Spezialitäten, auch Wein mit der Empfehlung des Wirts. Aber auch rustikales Essen in Mittenwald kann einen glücklich machen. Manche verlieben sich in das Meer, an die Nordsee, wir lieben die Berge in den Alpen in Bayern, Österreich oder die Dolomiten in Südtirol. Früher aktives Bergsteigen, heute mehr Deko. Herz und schmerzende Hüften zollen ihren Tribut.

Glücklich ist man auch, wenn man Gutes bewirken kann. Ich glaube, durch meine Tätigkeit im medizinischen Kundendienst habe ich vielen Menschen zum Erhalt ihres Augenlichtes verholfen. Das ist moralisch ein

Plus, auch wenn ich meiner Firma vorrangig zu Gewinn verholfen habe. Dann konnte ich bei der Bahn zumindest Platzreservierungen verschaffen und die EDV verbessern. Bei der Gehaltsabrechnung verhalf ich den Menschen jahrelang zum Erhalten ihres pünktlichen Gehalts, der richtigen Abrechnung und dem richtigen Zeitbuchen. Allerdings ist der Blick eines Ingenieurs manchmal ernüchternd. Als ich einer Tänzerin erklärte, dass das Meeresrauchen wie das Rauschen im Rundfunk ein statistisches Phänomen ist, rückte sie drei Schritte von mir ab. Was bin ich für ein schrecklicher Mensch. Trotzdem halte ich das Wirken von Ingenieuren für nützlich, wie auch die Arbeitsweise ein Problem so zu zerteilen, dass jeder Schritt lösbar ist. Ich liebte das Löten von Schaltungen, die ersten Töne eines gebastelten Radios, das Verstehen eines Fernsehgerätes, die Abwechslung vom Rechenschieber zu einem HP-Taschenrechner, das Verstehen und Programmieren von Computern von IBM, Siemens, Atari, PC's.

Die wunderbare Welt der Software, die ebenso wie die Damenbekleidung der Mode unterworfen ist. Was gab es da für Wechsel von Paradigmen, Programmiersprachen, Arbeitsweisen, und ich habe sie alle mitgemacht. Auch wenn sie manchmal zu Sackgassen wurden, was manche nur aus Voreingenommenheit (das ist ja viel zu kompliziert…) nicht mitgegangen sind.

Ich habe mich mein Leben lang für Politik interessiert und ich denke in meiner aktiven Zeit habe ich mitgearbeitet, um Zustände zu verbessern, Menschen und Jugendlichen zu helfen, Wohnraum für weniger Verdienende zu schaffen helfen. Ein bisschen Stolz ist auch dabei, wenn man gewählt wird, dann kommt aber auch die Verpflichtung auf das Gemeinwohl. Vieles in der Politik hängt auch mit dem eigenen Weltbild zusammen. Mit Unverbindlichkeit kann man seiner Stadt nicht helfen zu regieren. Allerdings trennen mich nicht Parteien von Menschen, ich achte auch die Persönlichkeit von Andersdenkenden, auch bei ihnen kann man Gemeinsamkeiten finden. Mein Architekt war bei einer anderen Partei, trotzdem achtete ich ausser seinem Können auch seine stoische Geduld, seinen Humor, seine Findigkeit.

Im Alter wird immer wichtiger das Aufrechterhalten von Kontakten und Freundschaften, weil immer mehr einfach wegsterben. Warte nur, balde ruhest Du auch! Aber es macht Freude Freunde zu haben und zu halten, zuerst kommt die Familie und Verwandtschaft, private Nachbarn, Arbeitskollegen, Parteigenossen, Bekannte in Vereinen oder im Fitnessstudio, bei den Händlern in der Stadt wo man schon 30 Jahre einkauft. Ehemalige Konfirmandentreffen, Abituriententreffen, ehemalige Stubenkameraden aus der Bundeswehr, Elternbekanntschaften, Treffen beim Gottesdienst oder bei der Kirchenmusik. Wichtig ist auch mit jedem reden zu können; jemand sagte mir mal ich sollte doch mit jenen reden, die Niveau haben. Ich denke man sollte mit jedem Menschen reden können.

Und an die Menschen und Begegnungen sollte man sich auch erinnern, auch etwas dafür tun, denn es gibt immer ein Geben und Nehmen. Mit vielen Menschen kann man gut auskommen, mit ihren Eigenheiten und anziehenden Seiten. Und man kann so vieles dazulernen. Ein Freund aus dem Rheinischen stammend, die ja kontaktfreudig sind, meinte zu uns, als wir sagten, das wussten wir nicht, mit wem spricht ihr denn überhaupt und über was? Eine tiefe Selbsteinsicht über manche Ideenlosigkeit und mangelnde Phantasie.

Manchmal habe ich den Eindruck, dass ich zu vieles ausprobiert, aber nichts perfekt oder genial leisten konnte. Diese Einsicht zeigt einem die Grenzen auf, die gegen eine Berufung als Künstler oder Könner sprechen. Andererseits macht es die Freude aus, Neues kennenzulernen, zu probieren, das Leben zu genießen, sich mit der Familie zu freuen. „Und der Himmel da oben, wie ist er so weit."

Wie ich aufzählte, gibt es Liebenswertes, Schönes, und auch Hoffnung auf noch Neues, Schönes, Friedvolles. Ich hoffe, dass Sie Gemeinsamkeiten entdeckt haben. Es gibt noch vieles zu entdecken...

Anhang: Gute Bücher

Auftrag in Venedig, Helen MacInnes, Droemer-Knaur,1965, 411 Seiten.

Ein Sarg mit Segeln, Sam Llewelyn, Ullstein, Frankfurt, 1994,

In Neptun tiefstem Keller, Sam Llewelyn, Ullstein Frankfurt, 1992

Isvik, Hammond Innes, Volk und Welt, Berlin, 1995

Tuareg, Alberto Vasquez-Figuera, Bertelsmann, München 1986

Nicht mehr so vergesslich sein, Wolfgang Zielke,

Theorie des Films, Siegfried Kracauer, Suhrkamp, Frankfurt 1984

Das Wisley-Gartenbuch, Robert Pearson, Eugen Ulmer Verlag,1984

Dumonts Gartenhandbuch Stauden, Royal Horticultural Society, Du Mont,1997

Operationen, Lippert-Burmeister, Kiepenheuer und Witsch, Köln, 1993

Vögel beobachten, Einhard Bezzel, BLV, München, 1993

Blindflug, Dick Francis, Diogenes, Zürich, 1993

Neues großes Konditoreibuch, Heckmann-Vorrings, Fachverlag Pfannenberg, Giessen, 1966

Das Christentum im Urteil seiner Gegner, Karlheinz Deschner, Limes, Wiesbaden, 1969

Das visuelle Buch der Naturwissenschaften, Margot Wilhemi, Gerstenberg, Hildesheim 1996

Ein allzu schönes Mädchen, Jan Seghers, Wunderlich, Reinbek, 2004

Der Schwarm, Franz Schätzing, Kiepenheuer und Witsch, Köln, 2005

Die fünfte Frau, Henning Mankel, Zsolnay, Wien, 1998

Zorn der Meere; Falconer, Colin; Heyne, München, 2000

Die Geschichte der Schönheit, Umberto Eco; Hanser, München, 2002

Goethes Werke, Johann Wolfgang v.goethe, Aufbau Verlag, Berlin, 1974

Die toten Seelen; Nikolaj Gogol, Anrich, Köln, 2007

Rom kann sehr heiss sein; Henning Boetius; BTB, München, 2005

Klavierspielen, mein schönstes Hobby; Hans Günther Heumann; Schott, Mainz, 1995

Entstehung der Arten durch nat. Zuchtwahl, Darwin,

Sterns Bemerkungen über Pferde, Horst Stern, Kindler, München, 1971

Der Schamane, Gordon Noah; Droemer-Knaur, München, 1992

Lunte; Dick Francis, Diogenes, Zürich, 1995

Die Pfeiler des Glaubens,Ildenfonso Falcones, Bertelsmann, München 2009

Newtons Schatten; Philipp Kerr, Wunderlich, Reinbek, 2007

Deutsche Nationalparks, National Geographics, Naturbuch Verlag Hamburg, 2009

Goethe; Safranski, Rüdiger; Hanser, München, 2013

Phönix aus der Asche; Henning Boethius, BTB, München, 2002

Tochter des Windes, Federica de Cesco, Blanvalet, München, 2013

Die weiße Löwin, Henning Mankell, dtv, München, 2001

Der keltische Ring; Björn Larsson; B.G.Teubner; Berlin 1998

Der mit den Pferden spricht, Monty Roberts, Lübbe Bergisch Gladbach 1997

Beim Häuten der Zwiebel, Günter Grass; Steidl Verlag, Göttingen, 2006

Gesammelte Dichtungen, Hermann Hesse, Suhrkamp, Frankfurt 1952

Moonfleet; J.Meade Falkner, Fischer Frankfurt, 1995

Weinprobe; Dick Francis, Diogenes, Zürich, 1994

Politisches Manifest über die Armut in der Welt, Gunnar Myrdal, Suhrkamp, Frankfurt 1970

Rot und Realistisch; Günter Nenning; EUROPA , Wien 1973

Zur Strategie der Arbeiterbew. im Neokap.; Andre Gorz, EVA, Frankfurt 1967

Das Teufelsschiff, Victor Hugo, Diogenes, ZÜRICH, 1967

Die Netzflickerin; Marten t`Hart, Arche ZÜRICH, 1998

Das Haus der Tibeterin; Federica de Cesco, BLANVALET; München 2006

Reclams Musikinstrumentenführer, Ermanno Briner, Reclam Stuttgart 1992

Der vierzehnte Stein, Fred Vargas, Aufbau Verlag Berlin, 2005

Titan; Robert Harris, HEYNE, München, 2009

Der liebe Augustin; Horst Wolfram Geissler, Sancoussi Verlag ZÜRICH;

Favorit; Dick Francis; DIOGENES; Zürich 1997

Pompeji; Robert Harris; Heyne MÜNCHEN; 2004

Witwe für ein Jahr, John Irving; DIOGENES; Zürich 2004

Goldmann Chemie-Lexikon; Dr. Helmut Bruckner; München, 1999

Die schöne Diva von St.Jaques; Fred Vargas; AUFBAU Verlag Berlin 1999

Francois Truffaut, Sämtliche Filme; Robert Ingram, Tesloff, Köln, 2004

Stalins Geist; Martin Cruz Smith; Bertelsmann, München, 2007

Höllenschiff; James McGee, Heyne München, 2008

Die Sonnenuhr; Marten t'Hart, Arche Zürich, 2003

Die Elenden; Victor Hugo, Meyer und Meyer, Zürich 1993

Heinz' Life; Lutz Hauser, Carl Hanser MÜNCHEN; 2010

Die Wahlverwandtschaften; J.W.V.GOETHE; Hädecke, 2000

Über Alles; Robert Gernhard, HAFFMANNS VERLAG, Zürich 1994

Der Leuchtturm von Alexandria, Gillian Bradshaw, Goldmann
München,1988

Das Spiel des Engels; Carlos Ruis Zafon; Fischer Frankfurt; 2008

Pareys Buch der Bäume; A.Mitchell; Kosmos Franck Stuttgart 2004

Die Eleganz des Igels; Muriel Barbery, dtv MÜNCHEN, 2008

Wir Ertrunkenen; Carsten Jennsen, Knaus, MÜNCHEN; 2006

Der Teufel von Mailand; Martin Suter; DIOGENES; Zürich 2006

Das Wüten der ganzen Welt, Marten t'Hart, Piper München, 1999

Die Rache des Kaisers; Gisbert Haefs; GOLDMANN; München 2009

Bruno, Chef de Police; Martin Walker, DIOGENES; Zürich 2009

Sturz der Titanen, Ken Follet, Lübbe, Köln 2010

Nehmt Herrin diesen Kranz; Andrea Schacht, BLANVALET, München 2010

50 Klassiker Gärten und Parks, Ina Diana Mazzon;
GERSTENBERG,Hildesheim 2005

Sündige Gier; Sandra Brown; Blanvalet, München, 2009

Die Bienenhüterin; Sue Monk Kidd, BTB, München 2005

Don Quichote von der Mancha, Servantes, dtv MÜNCHEN, 2011

Algebra der Nacht; Louis Bayard, Insel Berlin, 2012

In unnütz toller Wut,; Maarten t'Hart, PIPER; München 2004

Der Friedhof in Prag; Umberto Eco; Hanser München 2011

Die Königin von Saba; Tessa Korber; EICHBORN; Frankfurt 2005

Die Jakobsleiter; Maarten t'Hart, Piper MÜNCHEN; 2005

Das Naturbuch für Neugierige; Loki Schmitt, Rowohlt, Berlin 2010

Siesmayers Gärten; Barbara Vogt, SOCIETÄTSVERLAG, Frankfurt 2009

Mission Walhalla; Philipp Kerr; Wunderlich Reinbek, 2011

Der Berg; Dan Simmons, Heyne München 2013

Fandorin; Boris Akunin, Aufbau Verlag, Berlin 2013

Die verborgene Sprache der Blumen, Vanessa Diffenbaugh, KNAUR, MÜNCHEN, 2011

Black Cherry Blues; James Lee Burke, Europabuch AG, HAMBURG, 2013

Die Sprache des Feuers; Don Winslow; Suhrkamp Berlin; 2012

Tal der Loire; Irene Martschulkat, Du Mont Buchverlag Ostfildern 2007

Schlösser der Loire, Heidrun Moser, Gebrüder Weiss MÜNCHEN; 2008

Das Alphabet-Haus; Adler Olsen; DTV; München; 2012

Die Geschichte der legendären Länder und Städte; Umberto Eco, Hanser München 2013

Lasst den Bären los; John Irving; DIOGENES; Zürich 1987

Eine große Zeit; William Boyd; Berlin Verlag 2015

Das Flüstern der Stadt, Ribas Rosa; Kindler Reinbek 2014

Honig; Jan McEwan; DIOGENES Zürich 2013

Totenfang; Simon Becket; Wunderlich Reinbek 2016

Der Zorn der Einsiedlerin; Fred Vargas, Limes Verlag München; 2018

Das Labyrinth der Lichter; Carlos Ruiz Zafón; S. Fischer, Frankfurt 2016

Ein perfider Plan; Anthony Horowitz; Insel Verlag Berlin, 2019

Einstieg in den Mac; Uwe Albrecht, Markt und Technik, Burgzhann, 2019

Etc. ...

Es wurde zitiert aus

Wikipedia, Brockhaus, Internet.

Roger Willemsen, Musik, S.Fischer Frankfurt 2018

Dietrich Fischer-Diskau: Texte Deutscher Lieder, dtv München 1968

Ernst Bloch, Spuren,

Ernst Bloch: Das Prinzip Hoffnung, 3 Bände suhrkamp Frankfurt 1973

Kindlers Malereilexikon.

(Dies ist kein wissenschaftliches Buch, deshalb zitiere ich ohne Fußnoten.)